Quand les mouettes nous volent dans les plumes

FRANÇOISE DORIN
JEAN PIAT

Quand les mouettes nous volent dans les plumes

Petits dialogues de plage

Roman

PLON
www.plon.fr

ISBN : 978-2-259-20862-8

Préface

On pourrait parfois se demander pourquoi les mouettes – qu'elles soient blanches, à pieds bleus, tridactyles, à capuchon noir, brun ou plombé, rieuses, pygmées ou sternes, oui, pourquoi les mouettes ont toutes cet air de complicité gaillarde et semblent s'amuser comme des folles en cancanant au-dessus de nos têtes ou de nos corps de pauvres humains allongés au soleil sur le sable des plages…

Un jour, on comprend :

Elles nous observent,
Elles nous écoutent,
Elles nous épient,
Elles nous jugent…
Et elles rigolent !

I

Le mouet

Dans une barque, ancrée au large, se tient une réunion intercommunautaire d'oiseaux marins. L'un d'eux prend la parole :

— Chers frères, chères sœurs, chers oiseaux, il est temps que vous le sachiez, à l'origine du monde, il n'y avait pas de mouettes. Il n'y avait que des mouets. (*Rumeur étonnée du public ailé.*) Des mouets mâles et des mouets femelles. Comme il n'y avait que des hirondeaux mâles et des hirondeaux femelles. (*Nouvelle rumeur étonnée.*) Mais le temps passa… Un vent de féminisme se mit à souffler. Dans notre famille, les mouets femelles réclamèrent la féminisation des noms et l'obtinrent… après avoir imposé aux mouets mâles une grève de l'amour. Procédé qui avait déjà fait ses preuves – hélas ! – avec Lysistrata en 411 avant Jésus-Christ. Procédé que les nouvelles mouettes renouvelèrent jusqu'à ce que leurs compagnons renoncent à leur mâlitude identitaire et s'appellent eux aussi désormais des mouettes. (*Rires féminins étouffés.*) Les siècles passèrent. Les humains accablés de maux, de guerres, de révolutions, s'étaient désintéressés de nos problèmes d'oiseaux. Ils se rappelaient notre existence uniquement pour prétendre « qu'une hirondelle ne fait pas le printemps » ; nous baptiser, nous, « les rieuses » ; baptiser « bécasses », les andouilles ; « grues », les prostituées ; « oies blanches », les vierges ; « pies », les bavardes, et « condors », les imbéciles friqués !

Une mouette mâle interrompit le discoureur :

— D'accord, camarade, mais où veux-tu en venir ?

— À ceci : que désormais, conformément aux lois de la parité, j'ai décidé de n'être plus une mouette, mais un mouet. J'invite bien sûr tous mes frères à suivre mon exemple ! Et en cas de rébellion féminine à se mettre, comme les mouettes de jadis, en grève de l'amour.

Une mouette, défendant ses droits acquis, répondit alors :

— Nous ne céderons pas, nous, à votre grève. Ni à votre intimidation !

Le nouveau mouet, lissant ses plumes avec provocation, lui rétorqua :

— Tant pis pour vous... ma choute ! On trouvera des compensations. Les temps ont changé !

UNE PASSANTE (*ahurie*) :

Je rêve... Dites-moi que je rêve !

UN PASSANT : Pourquoi ?

LA PASSANTE : Je viens d'entendre une mouette parler.

LE PASSANT (*très naturel*) : Oui, moi aussi ! Plus exactement un mouet !

LA PASSANTE : C'est ça ! Un mouet !

LE PASSANT : ... Qui, entre nous, n'avait pas l'air d'avoir une cervelle d'oiseau !

LA PASSANTE : Mais... ça n'a pas l'air de vous étonner.

LE PASSANT : Quoi ?

LA PASSANTE : D'entendre des oiseaux parler.

LE PASSANT : Ben non… du temps de La Fontaine, ils parlaient déjà ! Et bien avant, au temps d'Ésope et d'Aristophane, ils parlaient latin… et grec !

LA PASSANTE : Alors cette fois, j'en suis sûre, je rêve !

LE PASSANT : Ça… ça vous regarde !

LE MOUET (*émerveillé, survolant la mer en compagnie de sa mouette*) : Ah ! ma chérie, le jour où Dieu a créé les oiseaux, Il a vraiment eu un coup de génie !

LA MOUETTE : En tout cas, mon ange, une inspiration… divine ! Je déplore que les humains ne partagent pas toujours cette opinion.

LE MOUET : Moi aussi. Je les trouve très ingrats. Car enfin… à part les « merdouillures » que certains de nos congénères – malfaisants ou taquins – laissent tomber en ville sur les carrosseries de voitures…

LA MOUETTE : De préférence quand elles viennent d'être lavées...

LE MOUET : Oui... à part ça, les hommes n'ont pas à se plaindre de nous.

LA MOUETTE : Ah non ! Quand on pense que les coqs leur ont offert *Chantecler*... avec la complicité de Rostand, d'accord ! Mais quand même !

LE MOUET : Et les pinsons qui leur offrent leur gaieté...

LA MOUETTE : Les rossignols, leur chant et leur voix d'or...

LE MOUET : Les tourtereaux, leurs roucoulades...

LA MOUETTE : Les linottes, des excuses à leur étourderie...

LE MOUET : Les coucous, des rappels à la ponctualité d'une rusticité exquise...

LA MOUETTE : Ah, ça ! C'est autre chose que leur carillon de Big Ben ou les trompettes du régiment !

LE MOUET : Encore heureux qu'une grande chanteuse ait rendu hommage aux oiseaux en s'appelant la môme Piaf !

LA MOUETTE : Ça compense la trahison à notre égard d'un grand écrivain.

LE MOUET : Lequel ?

LA MOUETTE : Courteline !

LE MOUET : Georges Courteline ?

LA MOUETTE : Mais oui ! Son vrai nom était Moineau et il n'a pas voulu le garder !

LA MOUETTE : C'est bête… parce qu'il avait une belle plume !

LA MOUETTE : Au fond d'eux-mêmes, j'ai l'impression que les humains nourrissent une certaine aigreur envers nous.

LE MOUET : N'en doute pas ! Ils nous envient. Et c'est normal. Car comme nous, ils nagent… mais en 30 leçons. Ils marchent, mais au bout de 11 mois, minimum. Et ils ne volent pas ! Ils ne peuvent pas comme nous aller partout. N'importe où. N'importe quand. Sans bagages. Sans papiers. Sans frontières. L'expression « à vol d'oiseau », c'est eux qui l'ont inventée ! Pas nous !

LA MOUETTE : Mais qu'est-ce que tu racontes ? Depuis déjà pas mal de temps les humains volent ! Comme nous ! Plus vite ! Et bien plus haut que nous !

LE MOUET : Oui, mais pas par leurs propres moyens ! Avec des moyens de substitution : l'avion, l'hélico, les fusées…

LA MOUETTE : Le résultat est le même !

LE MOUET : Certes, mais sûrement pas la sensation.

LA MOUETTE : Tu crois ?

LE MOUET : C'est évident : nous, nous connaissons l'ivresse, la liberté du vol. Eux, ils en connaissent les astreintes : « Attachez vos ceintures », « Éteignez vos cigarettes ».

LA MOUETTE : Ça, c'est vrai.

LE MOUET : Nous, nous avons droit à la griserie de l'espace. Eux, dans leurs sièges, ils ont droit à 50 centimètres pour ouvrir leur journal, sans cogner le nez de leur voisin.

LA MOUETTE : C'est vrai aussi.

LE MOUET : Pour nous, les horizons n'ont aucune limite. Pour eux, à travers un hublot, le mont Blanc a les dimensions d'un Esquimau glacé.

LA MOUETTE : Et encore !

Le mouet : Nous, avec les trous d'air, nous avons le cœur dans l'ascenseur du ciel. Eux, avec les trous d'air…

La mouette : Ils ont le trouillomètre à zéro !

Le mouet : Mais qu'est-ce que tu regardes là-haut, sur le ponton ?

La mouette : Un intermittent.

Le mouet : Un intermittent de quoi ?

La mouette : Du spectacle.

Le mouet : Dans quelle branche ?

La mouette : Plusieurs ! Il est à la fois un acteur qui écrit, un auteur qui joue, un poète qui rêve. On l'appelle « le bizarre du ponton ».

Le mouet : Drôle de nom !

La mouette : Écoute ! Il répète un de ses poèmes.

Le mouet : Ah oui… Il a une voix de… une voix d'« ailleurs »…

La mouette : « *Le voilà qui revient mon oiseau de passage*

Sans doute a-t-il senti passer trop près de lui
Le vent de l'habitude ou l'ombre d'une cage
Et devant ces dangers, bien vite il s'est enfui… »

LE MOUET : Il est vraiment bizarre, ton intermittent !

LA MOUETTE : Finalement, c'est surtout un intermittent de la réalité.

LE MOUET : … et du rêve !

II

Les rencontres

LE MOUET : Ah, te voilà ! Où étais-tu ?

LA MOUETTE : Je viens de survoler la plage de long en large pendant deux heures. J'en ai plein les ailes !

LE MOUET : Eh bien, moi, pendant ces deux heures-là, je n'ai pas arrêté de marcher sur le sable ! J'en ai plein les pattes !

LA MOUETTE : Dommage qu'on ne se soit pas vus !

LE MOUET : C'est normal, il y a tellement de monde !

LA MOUETTE : Et tellement de mouettes !

LE MOUET : Ça ! De là-haut, Tchekhov doit être content !

Le mouet : J'ai l'impression que nos amis les humains sont de plus en plus nombreux et qu'ils arrivent de plus en plus tôt.

La mouette : Et comment ! Avant, ils arrivaient le samedi. Après, ils sont arrivés le vendredi. Maintenant, ils arrivent le jeudi !

Le mouet : À ce compte-là, on ne devrait plus parler de week-end !

La mouette : Non ! Plutôt de week-middle. Ou de middle-week !

Le mouet : Note qu'on n'a pas à s'en plaindre : avec les miettes de leurs pique-niques, on s'en met plein la panse !

La mouette : D'accord ! Mais nous, nous avons un appétit d'oiseau…

LA MOUETTE : C'est rare un oiseau qui n'a pas le sens de l'orientation. Non ?

LE MOUET : Moi, personnellement, je n'en connais pas.

LA MOUETTE : Eh bien, depuis tout à l'heure, moi j'en connais un !

LE MOUET : Incroyable !

LA MOUETTE : Ou plutôt une !

LE MOUET : Ah ! ça, ça m'étonne moins !

LA MOUETTE : Elle se dirigeait vers Paris croyant aller vers Cherbourg !

LE MOUET : Oh ! c'est quand même beaucoup ! C'était quel oiseau ?

LA MOUETTE : Une buse !

LE MOUET : J'aurais dû m'en douter !

LA MOUETTE : Et en plus, une buse acariâtre.

LE MOUET : Elle a été désagréable avec toi ?

LA MOUETTE : Plutôt, oui ! Alors que je lui avais indiqué gentiment son chemin, que je l'avais suivie pour être sûre qu'elle ne se trompe pas, que je lui avais signalé quelques bricoles à manger, tu sais ce qu'elle a fait ?

LE MOUET : Non.

LA MOUETTE : Une ignominie d'une telle vulgarité que même à toi qui es un mâle, je n'ose pas la répéter.

LE MOUET : Oh, ma mie, dois-je comprendre que l'ingrate a lâché ses « merdouillures » sur ton plumage immaculé ?

LA MOUETTE : Comment as-tu deviné ?

LE MOUET : Certains humains sont comme les buses : ils ne voient pas ce que nous faisons pour eux, et quand ils le voient, ils nous en veulent !

LA MOUETTE : En somme, selon toi, un bienfait est toujours perdu.

LE MOUET : Ah non ! Pas pour ceux qui en bénéficient !

LA MOUETTE : À travers le transistor d'un vacancier, j'ai entendu une phrase qui m'a bien plu.

LE MOUET : Laquelle ?

LA MOUETTE : « Les idées ne se promènent pas toutes nues : il faut des hommes – ou des femmes – pour les habiller. »

LE MOUET : En somme, les grands orateurs ne sont que de bons couturiers.

LA MOUETTE : À propos de langage, tu connais le mot de Madame de Staël ?

LE MOUET : Et si je te disais oui ?

LA MOUETTE : Je te le raconterais quand même… pour mon plaisir personnel.

LE MOUET : Alors… Madame de Staël ?

LA MOUETTE : Elle devisait depuis un long moment avec Benjamin Constant, à quelques pas d'un ravissant godelureau qui l'attendait… et Benjamin Constant ne voulant pas abuser de la patience du jeune homme suggère à Madame de Staël de le mêler à leur entretien. Mais la baronne l'en empêche : « Inutile, dit-elle, la *parole* n'est pas son langage ! »

LA MOUETTE : Mais qu'est-ce qui peut bien pousser les gens à partir tout le temps de chez eux ?

LE MOUET : L'envie d'un « ailleurs ».

LA MOUETTE : C'est idiot ! « Ailleurs » ça n'existe pas.

LE MOUET : Quoi ? Tu plaisantes ?

LA MOUETTE : Non ! Réfléchis ! « Ailleurs » c'est là où on n'est pas. D'accord ?

LE MOUET : Oui. Et alors ?

LA MOUETTE : Alors à l'instant où tu arrives « ailleurs », tu t'y installes, même pour peu de temps, et cet « ailleurs » n'existe plus.

LE MOUET (*levant les yeux au ciel*) : Inutile de discuter avec toi : d'abord tu es casanière ! Ce qui pour un oiseau est quand même un comble…

LA MOUETTE : Il n'y a pas de mal à aimer son nid.

LE MOUET : Ensuite tu n'as pas le goût de l'aventure.

LA MOUETTE : Erreur ! L'aventure peut être au coin de la rue aussi bien qu'au bout de l'univers. Alors autant faire le tour de son pâté de maisons que le tour du monde. C'est moins fatigant !

LE MOUET : Et ça coûte beaucoup moins cher !

LA MOUETTE : Je viens de croiser un faucon… il avait l'air prétentieux…

LE MOUET : Moi, je viens de croiser un vrai con. Il avait l'air encore plus prétentieux !

LA MOUETTE : À écouter les gens parler d'eux on pourrait croire qu'ils sont tous gentils, bienveillants, serviables, généreux, indulgents…

LE MOUET : Eh oui… la bonté se vend bien !

LA MOUETTE : À les écouter encore, on pourrait croire qu'ils n'ont eu que des accidents, des maladies, des malchances, des déceptions.

LE MOUET : Eh oui… le bonheur se vend mal !

LE MOUET : Tu sais pourquoi elle pleure, la fille en maillot noir ?

LA MOUETTE : Oui… son premier amour l'a quittée hier.

LE MOUET : Oh… la pauvre !

LA MOUETTE : En guise de cadeau d'adieu, il lui a offert le pendentif qu'elle porte autour du cou.

LE MOUET : Qu'est-ce que c'est ?

LA MOUETTE : Une gomme !

LE MOUET : Drôle d'idée !

LA MOUETTE : C'est un pense-bête…

LE MOUET : Un pense-bête ?

LA MOUETTE : Oui… pour qu'à l'avenir, elle se souvienne d'oublier !

LA MOUETTE : Qu'est-ce qu'il y a ce soir à la télé ?

LE MOUET : *Les Oiseaux* d'Alfred Hitchcock !

LA MOUETTE : Oh ! là, là ! Demain notre cote va baisser dans les sondages !

LA MOUETTE : Oh ! des nudistes ! C'est bizarre…

LE MOUET : Pas vraiment ! Ils sont à poil. Et nous à plumes.

LA MOUETTE : C'est la vie !

LE MOUET : Tu es plus cool que la douairière emperruquée.

LA MOUETTE : Pourquoi dis-tu ça ?

LE MOUET : Tout à l'heure, son amie, madame de Potinville, lui a signalé près du plongeoir un costaud dont les muscles bien enveloppés cachaient le minislip.

LA MOUETTE : Ah oui ! J'ai remarqué !

LE MOUET : Eh bien, pas la douairière… qui, soi-disant incrédule, a répondu à son amie : « Je demande à voir ! »

LA MOUETTE : Et elle a vu ?

LE MOUET : Parce qu'après sa découverte, elle a pris ses jumelles marines !

« *Tennis de chambre* »

Échange entre deux amants encore jeunes :

ELLE : Cocu !

LUI : Égalité ! Un partout !

Échange entre deux époux plus très jeunes :

ELLE : Cocu !

LUI : Balle perdue !

LA MOUETTE : Qu'est-ce qu'ils font ces deux garçons, adossés à la digue, avec dictionnaires et BlackBerry ?

LE MOUET : Ils sont chercheurs de questions pour jeux télévisés et radiophoniques !

LA MOUETTE : C'est curieux comme métier ! Mais finalement, avec le nombre d'émissions où les candidats sont interrogés sur n'importe quel sujet, du plus simple au plus compliqué, ça ne doit pas être si facile.

LE MOUET : Eh non ! Ces deux-là, ils séchaient complètement quand par bonheur, je suis arrivé et je les ai inspirés.

LA MOUETTE : Comment ça ?

LE MOUET : Quand ils m'ont vu, ils se sont mis à chercher dans leur documentation des questions sur les mouettes.

LA MOUETTE : Et ils ont trouvé ?

LE MOUET : Oui, deux. La première : simple, « pour candidat sympathique, ayant une bonne tête de gagnant ».

LA MOUETTE : C'était quoi ?

LE MOUET : « Quels sont les oiseaux dont certains s'appellent "les rieuses" ? »

LA MOUETTE : Effectivement, c'est simple.

LE MOUET : Pour ceux qui savent, toujours !

LA MOUETTE : Et la seconde question des « chercheurs » ?

LE MOUET : Elle est destinée aux « forts en thème, en route pour gagner le gros lot ! ».

LA MOUETTE : Vas-y, je vais voir si je saurais répondre.

LE MOUET : « Quel est le nom plus courant du "stercoraire" ? »

LA MOUETTE : Alors là, je sèche ! Dis-moi !

LE MOUET : « La mouette paillarde. »

LA MOUETTE : Tu connais ça, toi, dans notre famille ?

LE MOUET : Non ! J'ai appris par les « chercheurs » qu'il s'agissait d'une mouette qui attaque les oiseaux de mer et les oblige à dégorger les poissons qu'ils viennent d'avaler pour les manger à leur place.

LA MOUETTE : C'est dégoûtant !

LE MOUET : Que veux-tu ? Dans toutes les familles, il y a de mauvais sujets.

LA MOUETTE : Quand même... une brebis galeuse chez les mouettes... ça fait désordre !

III

Le « bizarre du ponton »

LA MOUETTE (*atterrissant dans son nid et chantant*) : « *Salut, demeure chaste et pure…* »

LE MOUET : Oh ! toi, tu reviens de chez le « bizarre du ponton ».

LA MOUETTE : Plus bizarre que jamais : il regrette de ne pas être une mouette… ou plutôt un mouet.

LE MOUET : Ah bon ! Pourquoi ?

LA MOUETTE : Il aurait aimé être le témoin insoupçonnable de tout ce qui se passe sur cette plage, de tout ce qui s'y chuchote, de tout ce qu'on y voit, de tout ce qu'on y cache.

LE MOUET : Je le comprends.

LA MOUETTE : Il pensait que ça pourrait lui inspirer un petit livre d'anecdotes et de réflexions.

LE MOUET : Pourquoi pas ? Tu l'as encouragé j'espère ?

LA MOUETTE : Bien sûr, je lui ai même proposé à l'occasion de lui donner un coup de main… enfin, de patte !

LE MOUET : Tu as bien fait : entre gens de plume… on a le même langage !

LA MOUETTE : Je lui ai aussi suggéré un titre.

LE MOUET : Lequel ?

LA MOUETTE : « Voilà pourquoi votre fille est mouette ! »

LE MOUET : Qu'est-ce que tu caches sous ton aile ?

LA MOUETTE : Le carnet de notes du « bizarre du ponton ». Je le lui ai… emprunté.

LE MOUET : Tu l'as lu ?

LA MOUETTE : Pas encore. Je voulais le lire avec toi… pour ta fête.

Le mouet : Ma fête ? C'est la Saint-Jean aujourd'hui ?

La mouette : Non !

Le mouet : Alors la Sainte-Françoise ?

La mouette : Non, la Saint-Nous Deux !

Le mouet : Ça existe ?

La mouette : Non ! Mais ça devrait !

La mouette : Qui commence à lire le carnet du « bizarre » ?

Le mouet : Toi ! Honneur aux dames !

La mouette : Merci du cadeau ! Écoute ça ! « *Même quand les femmes ne sont plus depuis longtemps les épouses de leurs maris, elles s'arrangent, le moment venu, pour devenir leurs veuves !* »

Le mouet : Qu'est-ce que tu en penses ?

La mouette : Rien ! Chez les mouettes, la réversion de pension n'existe pas !

Le mouet : Alors je continue : « *Un bon ménage c'est quand l'un des deux trompe l'autre et que l'autre s'en fout, ou mieux, s'en réjouit.* » « *Un très bon ménage, c'est quand les deux se trompent dans une indifférence totale, ou mieux, avec une certaine complicité. » « Un mauvais ménage c'est quand les deux protagonistes sont fidèles mais qu'aucun ne le croit ! »*

LA MOUETTE : Notre « bizarre du ponton » n'a pas dû avoir de veine avec les femmes.

LE MOUET : Si ! Une veine de cocu !

LA MOUETTE : Le pauvre !

LE MOUET : Ne le plains pas ! Le chagrin d'amour est la meilleure matière première des poètes. N'oublie pas : « Frappe-toi le cœur. C'est là qu'est le génie. »

LA MOUETTE : Faut-il encore avoir le cœur de Musset…

LE MOUET : À tout hasard, continue à fouiller dans celui de l'intermittent.

LA MOUETTE (*lisant*) : « *Faute de grives… Moi, personnellement, je préfère ne pas manger de merles !* »

LE MOUET : Facile à dire quand on n'a pas faim !

LA MOUETTE : Facile à faire… quand il n'y a pas de merles !

LE MOUET : … Je continue : « *J'ai tellement pris l'habitude d'entendre ce que tu ne dis pas que je n'entends plus ce que tu dis.* »

LA MOUETTE (*éclatant de rire*) : C'est drôle, non ?

LE MOUET : Heu… comment ?…. je n'ai pas entendu…

LA MOUETTE : Alors… je continue la lecture : « *Quand une femme est amoureuse d'un maçon, elle construit des maisons ; quand elle est amoureuse d'un musicien, elle compose des sonates et quand elle est amoureuse d'un curé, elle dit la messe !* »

LE MOUET : Et quand elle est amoureuse d'un oiseau ?

LA MOUETTE (*souriant*) : Elle lui achète une cage !

LE MOUET : Peut-être, mais à travers ses barreaux, il lui rappelle, en faisant les cent pas, que « même quand l'oiseau marche… on sent qu'il a des ailes ! ».

LA MOUETTE : Aaah ! Tu m'as cloué le bec !

LE MOUET : Enfin ! Passe-moi le carnet : « *Projet de poème sur l'oubli. Dommage qu'on ne puisse pas mettre du papier carbone derrière ses souvenirs.* » Oh ! Je crains que ton « bizarre du ponton » ne rêve au-dessus de son luth !

La mouette : Peu importe ! De nos jours le luth est remplacé par le synthé. Quant aux muses, depuis que les femmes écrivent, elles ont échangé leurs voiles contre des jeans et leurs harpes contre des guitares… ou des grosses caisses !

Le mouet : Tiens ! Dans son carnet, le « bizarre » parle de la chance.

La mouette : Quelle chance ! C'est un sujet qui m'intéresse.

Le mouet : Quelle chance ! Moi aussi.

La mouette : Alors, lis !

Le mouet : « *La première chose qu'une femme remarque chez un homme c'est s'il l'a remarquée.* »

La mouette : De toi à moi, je crois que pour les mouettes, c'est pareil !

Le mouet (*lisant*) : « *Je n'ai jamais eu, comme Jules Renard, la chance de rater un train qui a déraillé.* » À toi !

La mouette : « *En revanche, j'ai toujours eu la chance, comme Chateaubriand, de remonter un escalier que j'avais descendu.* »

Le mouet : « *J'ai aussi la chance de m'appeler Dubois et d'être souvent agrippé par des superstitieux, persuadés que me toucher va leur porter bonheur.* »

La mouette : « *J'ai la chance de voir ceux, innombrables, qui en ont beaucoup moins que moi.* »

Le mouet : « *J'ai la chance d'être un spéléologue de l'âme, toujours à la recherche d'une caverne inexplorée.* »

La mouette : « *J'ai la chance d'avoir des lunettes à rêver de loin.* »

Le mouet : En somme il n'a pas de chance… sauf celle d'accepter de ne pas en avoir !

LE MOUET : Dis donc, la chance, ça pourrait peut-être lui inspirer un poème à ton intermittent ?

LA MOUETTE : Bof…

LE MOUET : Ou une chanson qui ferait le tour du monde et lui rapporterait des millions ?

LA MOUETTE : Pourquoi pas ? Mais… il a une autre idée…

LE MOUET : Laquelle ?… Hé !… Laquelle ?

LA MOUETTE : Chut ! La chanson qui est déjà dans l'air… Écoute…

LE « BIZARRE » (*au loin*) : « *Le voilà revenu cet oiseau de passage*
Sans projet défini, sans apparent émoi
Il ne s'attache à rien c'est peut-être pourquoi
Il est si attachant cet oiseau de passage. »

LE MOUET : Tu crois que ça pourrait devenir un succès ?

LA MOUETTE : Oh, tu sais… le succès, c'est l'imprévisible furet : on l'attend par ici… et il arrive par là !

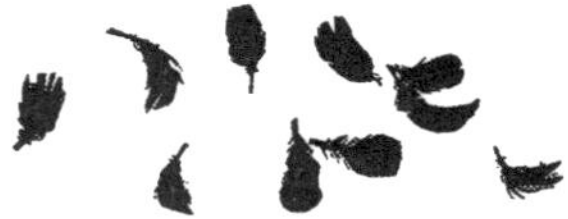

IV

Les enfants

LA MOUETTE : Bonjour les enfants !
LE MOUET : Bonjour les enfants !
UN ENFANT : Bonjour les mouettes !
LA MOUETTE : Ça ne vous étonne pas qu'on parle ?
UN ENFANT : Ben non ! C'est comme dans les B.D.
LE MOUET : C'est juste ! Quel âge vous avez tous les trois ?
UN ENFANT : Moï, j'ai 7 ans.
LE 2e ENFANT : Moi, 6 ans.
LE 3e ENFANT : Moi, 5 ans.
LE MOUET : Et vous savez ce que vous voulez faire plus tard ?

LE 1er ENFANT : Oui ! moi, je veux faire célèbre !

LA MOUETTE : Ah… et toi ?

LE 2e ENFANT : Moi, je veux être mythique !

LE MOUET : Ah… et toi ?

LE 3e ENFANT : Moi, je veux être people !

LA MOUETTE : Ah… c'est bien ! Mais… en quoi ça consiste au juste ?

LES ENFANTS EN CHŒUR : À passer à la télé !

LE MOUET : Je n'ai pas encore vu cet été « M. et Mme Cupidon », tu sais, ce couple qu'on voyait tous les ans : beau, détendu, amoureux.

LA MOUETTE : Moi je les ai croisés en ville… avec une poussette à trois places.

LE MOUET : Ah ! C'est curieux !

LA MOUETTE : Non ! Ils ont eu des triplés au printemps.

LE MOUET : Ah ! C'est bien ! Comment s'appellent-ils ?

LA MOUETTE : Boulet. Boulette. Et Boulot.

LE MOUET : Ce n'est pas vrai !

LA MOUETTE : Non ! Mais ça dit bien ce que ça veut dire !

LE MOUET : Quel dommage…

LA MOUETTE : Quoi ?

LE MOUET : … que les enfants ne naissent pas à l'instant où on les conçoit !

LE MOUET : À partir d'un certain âge, on devient tous des émigrés.

LA MOUETTE : Des émigrés ?

LE MOUET : Oui, des émigrés de notre jeunesse. La jeunesse est un pays aux frontières bien délimitées : quand on essaye de les passer en fraude avec un faux langage et une fausse gaieté le TEMPS finit toujours par vous rattraper. C'est un sacré douanier… le Temps ! Il n'y a rien qui vous file un coup de vieux… que de vouloir « faire jeune » !

LE MOUET : Pourquoi ris-tu ?

LA MOUETTE : Regarde les mômes ! Écoute-les !

LE MOUFLET : Tu as trois prénoms ?

LA MOUFLETTE : Ben oui… Jenifer, comme la chanteuse de la Star Ac. Angelina, comme la star de Hollywood… et Ginette comme ma mère !

LE MOUFLET : Elle est belle, ma maman à moi.

LA MOUFLETTE : Non ! Ma maman à moi, elle a dit : non !

LE MOUFLET : Ah ! dis donc, elle est collante ta grand-mère ! Toujours à s'inquiéter… si on a faim… si on a soif… si on a froid… si on a chaud…

LA MOUFLETTE : Ben, elle fait ça par gentillesse. Elle est très attachée à moi.

LE MOUFLET : Oh, je sais bien, ma grand-mère est pareille : attachiante !

LA MOUFLETTE : Ma maman, elle est géniale : elle vient de mettre K.O. un mec qui lui mettait la main où tu penses.

Le mouflet : Dans les cheveux ?

La mouflette : Non, sur les fesses !

Le mouflet : Elle l'a boxé vraiment ?

La mouflette : Oui, avec des mots !

Le mouflet : Qu'est-ce qu'elle lui a dit ?

La mouflette : « Les grassouillets, les chauves et les baveux ne m'attendrissent que bébés dans les berceaux. Pas adultes… dans les lits ! »

Le mouflet : « Papa peut-être. Maman sûrement. »

La mouflette : Qui est-ce qui t'a dit ça ?

Le mouflet : Grand-mère… pour me consoler quand maman a quitté papa.

La mouflette : Il fait quoi ton père à toi ?

Le mouflet : Il est médecin-écouteur.

La mouflette : Quoi ?

Le mouflet : Médecin-écouteur ! Les gens lui racontent leur vie. Il les écoute en silence. Il leur dit juste à la fin : « C'est 300 euros. » Et ils sont guéris. Ils reviennent plus.

La mouflette : Ah ! c'est un psy !

LE MOUFLET : Oui, c'est ça !

LA MOUFLETTE : Ma grand-mère, elle appelle ça un curé payant !

LE MOUFLET : Et ton père à toi, qu'est-ce qu'il fait ?

LA MOUFLETTE : Il est coach !

LE MOUFLET : Ah, c'est chouette ! Il coache qui ? Des sportifs ? Des chanteurs ? Des hommes d'affaires ?

LA MOUFLETTE : Oui ! Et des coaches !

LE MOUFLET : Il coache les coaches ?

LA MOUFLETTE : Ben oui ! Il n'y a pas de raison qu'ils soient les seuls à pas être coachés !

LE MOUFLET : Mais lui il a aussi un coach ?

LA MOUFLETTE : Ben oui !

LE MOUFLET : Mais qui ?

LA MOUFLETTE : Ma grand-mère !

LE MOUFLET : Ah ben… il va falloir que je lui envoie la mienne.

LA MOUFLETTE : Méfie-toi : elle est très chère !

UN MOUFLET : Maman ! Pipi !
LA MÈRE : Tu n'avais qu'à faire dans la mer !
LE MOUFLET : Non ! J'veux pas ! Elle est trop sale !

LA MOUETTE : Quel âge as-tu ?
LE MOUFLET : 5 ans.
LA MOUETTE : Qu'est-ce que tu fabriques ?
LE MOUFLET : J'essaye de marcher sur la mer.
LA MOUETTE : En voilà une idée !
LE MOUFLET : Je m'exerce pour plus tard.
LA MOUETTE : Qu'est-ce que tu veux faire ?
LE MOUFLET : Jésus Deux !

LE MOUET : Pourquoi nos amis les humains ne paraissent jamais satisfaits de leur sort ? Enfants, ils disent sur un ton revanchard, l'œil fixe sur la ligne rose de leur horizon : « Vivement que je sois grand ! » Adultes, ils soupirent d'une voix alourdie de regrets : « Ah… si j'étais encore petit… »

LA MOUETTE : Eh oui ! Enfant, on manque d'imagination. Adulte, on manque de mémoire.

LE MOUFLET : Tu sais ce qu'ils viennent d'inventer en Amérique ?

LA MOUFLETTE : Non ! Quoi ?

LE MOUFLET : Un simulateur d'enfant !

LA MOUFLETTE : Qu'est-ce que c'est ?

LE MOUFLET : Un appareil qui montre par l'image et par le son les désagréments causés par les enfants… selon les adultes, bien entendu.

LA MOUFLETTE : Mais quoi par exemple ?

LE MOUFLET : Ben… les hurlements, les pleurs, les vomissements, les diarrhées, les chutes, les objets cassés…

LA MOUFLETTE : Et pas un gazouillis ? Pas un sourire ?

LE MOUFLET : Ben non, le but, c'est de décourager les gens d'avoir des enfants.

LA MOUFLETTE : Tu crois que ça peut être efficace ?

LE MOUFLET : Autant que les affiches et les spots publicitaires contre les méfaits du tabac !

LA MOUFLETTE : Ah ! tu me rassures : la race n'est pas près de s'éteindre.

LE MOUFLET : Pas plus que les cigarettes !

LE MOUFLET : Moi, plus tard, je voudrais être le plus fort, le plus riche, le plus puissant.

LA MOUFLETTE : Pourquoi ?

LE MOUFLET : Primo, pour remercier Dieu de tout ce qu'il m'a donné. Secundo, pour faire plaisir à mes parents qui sont si gentils. Et enfin… pour emmerder tous les autres !

V

Les portables

LA MOUETTE : Ris moins fort ! Tu vas réveiller le monsieur qui dort.

LE MOUET : Il ne dort pas. Il travaille.

LA MOUETTE : Tu le connais ?

LE MOUET : Très peu. Il est déjà venu plusieurs fois mais toujours en coup de vent.

LA MOUETTE : C'est un intermittent du farniente ?

LE MOUET : Non, un professionnel du farniente. Mais du farniente des autres.

LA MOUETTE : Tu veux dire qu'il a une agence de voyages ?

LE MOUET : Plusieurs ! Il passe son temps aux quatre coins de la terre à tester les endroits non encore pollués par le bruit.

LA MOUETTE : Ce n'est quand même pas tuant comme boulot !

LE MOUET : Non, mais il faut aimer la solitude.

LA MOUETTE : Quelle blague ! La solitude ça n'existe plus.

LE MOUET : Ah bon ? Et depuis quand selon toi ?

LA MOUETTE : Depuis que le bout du monde est au bout du portable.

LE MOUET : Tu crois ça, toi ?

LA MOUETTE : Bien sûr ! Partout, on n'arrête pas de rencontrer des gens qui ont l'air de parler tout seuls. Naguère, on les aurait pris pour des « dérangés ». Maintenant on sait que ce ne sont souvent que des « dérangeants »… atteints de « portablomania ». Écoute…

[*Conversations téléphoniques*]

— Allô ? Ah… c'est toi ? Excuse-moi… Ma batterie est à plat… Je t'appelle pour te dire que je vais te rappeler… demain… ou plutôt après-demain… ou plutôt…

— Allô… Ah, c'est toi ? Oui… oui… je suis toujours à Hong-Kong (*rire de la mouette*)… Ah oui ! Il y a des mouettes à Hong-Kong. C'est moi qui les ai importées… pour les Jeux olympiques… des oiseaux. Oui… c'est nouveau… tout nouveau. Ne le répète surtout pas… Ça ne doit pas se savoir.

— Allô… Ah… c'est toi ? Non… je n'ai pas reçu ton message… Oui, d'accord, ça m'arrive souvent. Oui… d'accord, je t'ai promis de changer d'opérateur… mais réflexion faite, je vais plutôt changer de numéro de portable !

— Allô, mon amour ?
— Qui est à l'appareil ?
— Ben… c'est moi !
— Moi qui ?
— Nicole !
— Nicole qui ?

— Ça, c'est la meilleure !

— Nicole… Sasseyla-Meyeur ?

— Mais…

— Attendez… je vais demander à ma femme si elle connaît. Elle est à côté de moi. (*La femme s'empare du portable.*) Tiens, elle a raccroché !

— Allô… Allô… excuse-moi, je suis en voiture, je ne peux pas te parler. Je te rappelle ce soir. Ah… tu ne seras pas là. Eh bien… Oh… Monsieur l'agent… vous tombez pile : c'est une communication pour vous ! Quelle coïncidence !

— Allô, chéri ? C'est moi, je te dérange ?

— Oui.

— J'en ai pour une seconde.

— Alors ?

— J'ai juste un mot à te dire.

— Je t'écoute.

— Merde !

— Allô, mon poussin, c'est mamie !

— Ah salut ! T'as reçu mon MMS ?

— Ton… quoi ?

— Mon MMS !

— Ah… peut-être, mais tu sais bien que je n'arrive pas à les déchiffrer.

— C'est dommage : c'était marrant.

— Eh bien, dis-moi ce qui était écrit.

— D'accord. C'était à propos de l'amour.

— Je ne vais peut-être pas comprendre.

— Mais si ! Écoute bien. Signification du MMS : L'Amour…

À 20 ans, Matin, Midi et Soir.

À 40 ans, Mardi, Mercredi, Samedi.

À 60 ans, Mars, Mai, Septembre.

À 80 ans, Mes Meilleurs Souvenirs.

— Comment tu trouves ça ?

— MMS : Marrant ! Méga ! Super !

— Allô, grand-père ? C'est quand au juste l'âge de raison ?

— Quand on arrive à se construire une jolie petite cahute en trompe l'œil sur les ruines de ses châteaux en Espagne.

— J'ai rien compris.

— Alors… c'est que tu n'as pas encore l'âge de raison.

— Allô, Catherine, je t'appelle de Shanghai.

— Alors, ton impression ?

— Je passe mon temps à regretter de ne pas être chinoise.

— Pourquoi ?

— Elles ont toutes l'air d'avoir la peau en acrylique : infroissable ! Ça me complexe.

— Dans ces conditions, pour tes prochaines vacances, va à Riyad. Toutes les femmes sont voilées. Fais comme elles. Pour les complexes, il n'y a rien de mieux !

— Allô, mon étourdi de fils, tu n'as pas oublié d'aller au théâtre ce soir ?

— (*Chuchotant*) : Non, maman, j'y suis, qu'est-ce qu'il y a ?

— Rien ! Je voulais juste te rappeler de fermer ton portable !

— Mais maman, le spectacle est commencé.

— Ah ! tu vois, j'ai bien fait de t'appeler !

— Allô… ah c'est vous… Non, désolé, je ne pourrai pas vous voir demain : j'ai rendez-vous avec moi.
— Ah bon, mais ça va durer longtemps ?
— Sûrement ! J'ai beaucoup de choses à me dire.
— Mais sur quoi ?
— Sur moi.

— Allô… Ah ! ravi de vous entendre ! Toujours la forme et la bonne humeur ? Ah… vous êtes à l'hôpital ? Deux fractures à chaque jambe ? Ah… un accident en allant chercher votre femme… Ah !… qui était partie… avec votre fille… qui n'est pas votre fille… mais celle de votre meilleur ami… Ah !… à qui vous aviez emprunté de l'argent… que vous avez oublié de lui rendre… et qui vous a envoyé les huissiers… qui ont vidé votre appartement… juste après que votre femme a vidé votre compte en banque… Ah… qu'est-ce que c'est que ce bruit ? Vous avez éternué… Ah ! ça tombe bien : à vos souhaits !

— Allô, Pierrot, tu cherches toujours une âme sœur ?

— Non… j'ai trouvé un corps frère ! Pourquoi ?

— Je viens de tomber sur une annonce dans un journal qui aurait pu t'intéresser.

— Ah ? Dis toujours !

— « Dame actuellement en transit entre ce qu'elle fut et ce qu'elle sera cherche un moyen de transport pour terminer le voyage. »

— Ah oui… dommage ! Garde l'annonce !

LE MOUET : Et toi, ma mouette, si tu pouvais, tu aimerais faire passer une petite annonce ?

LA MOUETTE : Ah oui, alors !

LE MOUET : Dis-la-moi, je pourrais peut-être y répondre.

LA MOUETTE : Hélas, non !

LE MOUET : Dis toujours !

LA MOUETTE : « Cherche un sablier bouché où le temps ne passerait pas. »

LE MOUET : Ça… évidemment !

LA MOUETTE : Et toi, mon mouet, tu n'aurais pas envie d'envoyer une petite annonce ?

LE MOUET : Oh si ! Elle est toujours en embuscade dans ma tête.

LA MOUETTE : Eh bien, sors-la !

LE MOUET : « Cherche qui a pu dire : “Le sage est celui qui prend les réalités pour ses désirs”. »

LA MOUETTE : Mais… c'est moi !

LE MOUET : Il me semblait bien !

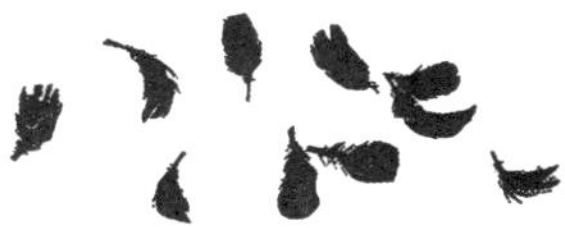

VI

Les environs de l'amour

LE MOUET : Qu'est-ce que tu as à tourner autour de ce type depuis un quart d'heure ? Il te plaît ?

LA MOUETTE : Au contraire, au premier regard… il m'a été viscéralement antipathique. Et je cherche pourquoi.

LE MOUET : Ne cherche pas. La haine a ses coups de foudre – comme l'amour – et le temps les justifie ou non. Comme pour l'amour.

Le mouet : Tu te rappelles ce chauve rigolard, jovial, bon vivant qui n'arrêtait pas de tromper sa femme ?

La mouette : Oui bien sûr… avec des filles superbes.

Le mouet : Eh bien, il est veuf… depuis six mois.

La mouette : Il n'a quand même pas le culot de jouer les veufs inconsolables !

Le mouet : Non, mais il ne sort plus qu'avec des filles très moches.

La mouette : C'est curieux…

Le mouet : Non, il prétend que c'est sa façon de porter le deuil !

La mouette : Tu dors ?

Le mouet : Non, je rêve.

La mouette : À quoi ?

Le mouet : À un couple en partance pour le septième ciel ou qui en revient sans pouvoir atterrir.

LA MOUETTE : Et alors ?

LE MOUET : L'homme et la femme finissent par s'asseoir à une terrasse de café en commandant à deux voix : « Deux jus de cœur. Dans le même verre. Sans eau et sans édulcorant. Nature ! »

LA MOUETTE : Tu es toujours dans tes rêves ?

LE MOUET : Ah non ! J'en suis redescendu en entendant un pignouf proposer à une fille « un p'tit coup d'amour sur le pouce ».

LA MOUETTE : Sous prétexte, je suppose, qu'il y a des plats qui se mangent sans faim et que l'appétit vient en mangeant ?

LE MOUET : Comment as-tu deviné ?

LA MOUETTE : Pour être mouette, on n'en est pas moins femme !

LE MOUET : Qu'est-ce que tu écoutes ?
LA MOUETTE : Radio Parlote.
LE MOUET : Quelle chaîne ?
LA MOUETTE : France Duo. Branche-toi, il y a un couple qui s'engueule.
LE MOUET : À quel sujet ?
LA MOUETTE : Ça ne se raconte pas. Écoute !

L'HOMME : Moi non plus je n'ai besoin de personne.
LA FEMME : Si ! Tu as besoin que j'aie besoin de toi !

LE MOUET : Je change de poste !
LA MOUETTE : Qu'est-ce que tu choisis ?
LE MOUET : Canal D'Jeun !

1er ADO : Il paraît que les yeux des esturgeons dégagent une telle chaleur qu'ils peuvent s'ébrouer dans les eaux glacées sans problème !
2e ADO : Les veinards ! Moi, il faut qu'une fille ait le feu partout pour que je n'aie pas froid aux yeux !

LE MOUET : Ils t'amusent les ados ?

LA MOUETTE : Je ne peux pas te répondre : ils parlaient tellement vite que je ne comprends rien. Alors, du coup, je suis allée sur Radio Souvenirs.

LE MOUET : Ça n'était pas trop triste ?

LA MOUETTE : Du tout ! Un couple évoquait son voyage de noces.

LE MOUET : Ah… Venise… Vienne… Rio…

LA MOUETTE : Non ! Choucroute ! Bourguignon ! Couscous !

LE MOUET : Quoi ? Ils se souvenaient de ça ?

LA MOUETTE : Comme si c'était hier ! Et pourtant, ils étaient mariés depuis cinq ans !

LE MOUET : Cinq ans ! Et ce sont ces souvenirs-là qui sont restés dans leur mémoire ?

LA MOUETTE : Non ! Sur leurs hanches !

LE MOUET : Mais à part ça, ils s'entendent bien quand même ?

LA MOUETTE : Surtout quand ils ne se parlent pas ! Mais dans l'ensemble ils forment un couple très équilibré.

LE MOUET : Vraiment ?

LA MOUETTE : Ah oui ! La preuve ! Ils se réconcilient autant sur l'assiette que sur l'oreiller !

LE MOUET : Tiens ! J'ai l'impression qu'un nouveau couple est en train de se former.

LA MOUETTE : Oui, ils en sont encore à se vouvoyer du corps mais ils se tutoient déjà de l'œil.

LE MOUET : En revanche, à côté, il y a ce couple qui n'arrête pas d'être en instance de séparation.

LA MOUETTE : Oh oui ! Je me souviens. On les appelait les mal-assortis.

LE MOUET : Roméo et Virginie ?

LA MOUETTE : Oui ! Lui est chasseur de têtes, et parallèlement chasseur de fesses.

LE MOUET : Et sa femme ?

LA MOUETTE : Elle vient de s'engager dans l'humanitaire.

LE MOUET : Pour quelle cause ?

LA MOUETTE : La sienne !

LA MOUETTE : Mais qu'est-ce qu'il a ce type avec ses jumelles sur le nez ?

LE MOUET : Il inspecte les uniformes des filles : « leur cache peu » du bas et leur « montre tout » du haut.

LA MOUETTE : Il est styliste ?

LE MOUET : Non ! Il installe des rampes de lancement pour ses fantasmes !

LA MOUETTE : Quelle chance elle a cette fille ! Son bonhomme a la tendresse qui lui sort par tous les pores de la peau !

LE MOUET : Il ne faut pas s'y fier ! La tendresse, c'est comme le beurre : moins on en a, plus on l'étale !

LE MOUET : J'ai l'idée d'une invention pour le concours Lépine.

LA MOUETTE : Ah bon, quoi ?

LE MOUET : Une boîte noire !

LA MOUETTE : Comme celle qu'on met dans les avions pour détecter les origines d'un accident ?

LE MOUET : Oui ! Mais la mienne, on la mettrait dans les lits pour détecter l'origine des pannes de moteur !

LA MOUETTE : J'aime bien les inscriptions qui sont imprimées sur les tee-shirts de la boutique de la plage.

LE MOUET : Moi aussi. Entre autres : « Prière de laisser mon cœur en l'état où vous l'avez trouvé en arrivant. »

LA MOUETTE : « Il est recommandé de se rincer le cœur à fond avant tout nouvel emploi. »

LE MOUET : Et ma préférée : « Tout homme a mal à ses ailes coupées. »

LA MOUETTE : Quelle horreur, si ça nous arrivait à nous !

LA MOUETTE : Oh ! à propos d'inscription, j'en ai lu une par hasard dans des toilettes ouvertes à tout vent d'un camping désaffecté.

LE MOUET : C'est du propre !

LA MOUETTE : Eh bien, curieusement, oui ! Le sujet est salace puisqu'il est approprié à l'endroit – mais il était traité avec beaucoup d'élégance, en vers délicats.

LE MOUET : Alors… je ferme les yeux et j'ouvre mes oreilles.

LA MOUETTE :

« *Vous qui venez dans cette humble posture*
Pour libérer vos flancs d'un important fardeau
Veuillez, quand vous aurez soulagé la nature
Et déposé dans l'urne un modeste cadeau,
Déverser dans l'amphore un courant d'onde pure
Et laisser l'appareil aussi luisant que beau. »

LE MOUET : C'est incroyable !

LA MOUETTE : Mais vrai !

LE MOUET : Qui est-ce qui a pu écrire ça ?

LA MOUETTE : Un poète qui avait une gastro !…

LE MOUET : À propos d'inscription, moi j'en ai vu deux côte à côte sur la vitrine d'un bar-tabac. Sur l'une, on pouvait lire : « 1968 : il est interdit d'interdire ». Sur l'autre : « 2008 : il est interdit de permettre ! »

LA MOUETTE : Ne crois pas que je fréquente particulièrement les toilettes publiques, mais le hasard a voulu que je lise dans une autre de ces « ladies and gentlemen » une annonce qui m'a bien plu.

LE MOUET : Salace ?

LA MOUETTE : Pas du tout ! Juge plutôt : « Femme d'expériences (amoureuses), cherche un complexé du zizi. Un modeste qui ne se vante pas "d'en avoir épaté plus d'une"; "révélé plus de cent" ; "détecté à la première pâmoison, la sincérité ou le truquage" ; et de n'avoir jamais pris pour un “oui, oui, encore” un “oui, oui, tu te dépêches”. Urgent. Si trop sérieux s’abstenir. »

LE MOUET : Allons bon ! Pendant que je riais, elle est partie sans que je m’en aperçoive… Ah ! le vent tourne ! Il me semble que j’entends sa voix. Mais non ! C’est celle de « l’intermittent »… Ah ! non, c’est celle de ma mouette !… Ah ! que je suis bête : ils chantent en duo.

LA MOUETTE :
« Le voilà près de moi mon oiseau de passage »
L’INTERMITTENT :
« Discret sur l’avenir, discret sur le passé »
LA MOUETTE :
« Il reprend sans effort notre ancien bavardage »
L’INTERMITTENT :
« Comme si son absence avait tout effacé. »

LE MOUET : C'est très joli, tout ça… mais il ne faudrait pas que ma mouette devienne une intermittente… de la bonne humeur !

VII

Les Señors

LE MOUET : D'où reviens-tu ?

LA MOUETTE : D'un vol au-dessus d'un nid de cancans.

LE MOUET : Un nid de cancans ?

LA MOUETTE : Une tente où des pigeons voyageurs parlaient de leur dernier circuit touristique.

LE MOUET : Des pigeons voyageurs ?

LA MOUETTE : Je plaisante ! Il s'agissait de retraités voyageurs.

LE MOUET : Ah bon ! Ils avaient l'air contents de leur escapade ?

LA MOUETTE : Je comprends ! Ils avaient eu droit à un cyclone, une inondation, un glissement de terrain, une évacuation de leur hôtel en pleine nuit et une attaque de voyous.

LE MOUET : Et ils étaient contents ?

LA MOUETTE : Évidemment ! Tu te rends compte les sujets de conversation que ça leur fournit ?!

LE MOUET : Ils auraient pu en préférer d'autres plus paisibles.

LA MOUETTE : Oui, d'accord : à vivre, c'est plus agréable. Mais à raconter, c'est moins valorisant.

LE MOUET : Tu exagères !

LA MOUETTE : Non ! Avec une tornade, tu amortis plus le prix d'un voyage qu'avec une brise légère !

LE MOUET : C'est affreux ce que tu dis.

LA MOUETTE : Ce n'est pas nouveau : les mauvais moments font souvent les meilleurs souvenirs…

LE MOUET : Tu crois ?

LA MOUETTE : Forcément, puisqu'on s'en est tirés !

LE MOUET : Je viens d'aller jeter un coup d'œil à tes retraités voyageurs.

LA MOUETTE : Je parie qu'ils étaient en train de se montrer les photos qu'ils avaient prises de leur odyssée.

LE MOUET : Oui, avec explications à l'appui, anecdotes, commentaires et… mimiques à l'attention de celui qui les filmait avec son caméscope !

LA MOUETTE : Ce qui va leur permettre une nouvelle séance récréative chez le cinéphile amateur autour de la projection de son film.

LE MOUET : C'est bien ! Ils amortissent leur voyage avec leurs photos ! Leurs films ! Leurs rires !

LA MOUETTE : Sans oublier l'envie qu'ils suscitent chez les autres : leurs « souffre-bonheur ».

LE MOUET : Tu n'as pas honte d'être aussi cynique ?

LA MOUETTE : Allons, mon ange, on est entre nous ! Tu sais bien que le cynisme est le nom qu'on donne, hypocrite, à la lucidité.

* * *

LA MOUETTE : Oh ben ça…

LE MOUET : Quoi ?

LA MOUETTE : La vieille dame distinguée… tu vois qui je veux dire ?

LE MOUET : Ben oui, celle que ses petits-enfants appellent « la vioque ».

LA MOUETTE : C'est ça ! Eh bien elle, elle appelle son grand fils Babounet.

LE MOUET : Pourquoi pas ?

LA MOUETTE : Tu ne te rends pas compte : il est académicien !

LE MOUET : Et alors, ça n'empêche pas qu'elle, elle voit une couche-culotte sous son habit vert, un hochet sous ses décorations, et sous son bicorne… Un crâne chauve !

LA MOUETTE : Ça, ça n'a pas changé.

LE MOUET : N'empêche que « la vioque », pour son âge elle est bien conservée.

LA MOUETTE : Oui, mais comme disait papa, on a beau être bien conservé, ce n'est quand même que de la conserve !

LA MOUETTE : C'est injuste !

LE MOUET : Quoi ?

LA MOUETTE : L'inégalité qui persiste entre les hommes et les femmes devant l'âge.

LE MOUET : Quelle inégalité ?

LA MOUETTE : Regarde là, sur la plage, ce couple de sexagénaires aussi grassouillets l'un que l'autre.

LE MOUET : Oui. Eh bien ?

LA MOUETTE : On dit du mari « qu'il est fort » ou « bien enveloppé »… Mais de sa femme on dit « qu'elle ferait bien d'arrêter le cassoulet au petit déj' ! »

LE MOUET : Oh… tu exagères.

LA MOUETTE : À peine ! Devant les cheveux gris du mari on s'extasie sur « le charme des tempes argentées ». Mais devant les cheveux gris de sa femme on pense (tout haut) « qu'elle ferait bien d'aller chez le coiffeur faire ses racines ! »

LE MOUET : Ça… ce n'est pas impossible…

LA MOUETTE : À âge égal, lui a encore quelques chances de séduire une minette mais elle, aucune de séduire un minet.

LE MOUET : Non ! C'est pareil parce que dans ce cas-là, ce n'est pas le poids de la bedaine ou des années qui compte, c'est celui du portefeuille !

LE MOUET : Encore une inégalité ?

LA MOUETTE : Oui : les jeans !

LE MOUET : Qu'est-ce que tu leur reproches ?

LA MOUETTE : D'être trop serrés.

LE MOUET : Je trouve ça plutôt seyant…

LA MOUETTE : Aux yeux masculins sûrement. Mais pas aux cuisses féminines !

LE MOUET : Ça…

LA MOUETTE : Regarde la femme qui est là-bas. Elle est en train de se tortiller comme un ver pour rentrer dans un jean trop petit.

LE MOUET : Oui, et alors ?

LA MOUETTE : C'est sûrement le jean de sa fille, mais ce sont déjà les fesses de sa mère !

LE MOUET : Eh oui… C'est pourquoi les hommes, pas fous, portent des pantalons une taille au-dessus de la leur pour prétendre devant leurs femmes bavant d'envie qu'ils ont encore maigri…

LA MOUETTE : Encore une chose à laquelle nous échappons, nous les oiseaux : la peur des rides.

LE MOUET : D'après ce que j'entends un peu partout c'est une vraie chance.

LA MOUETTE : Tu crois ?

LE MOUET : Va donc écouter ces dames derrière les tentes et tu comprendras.

LA MOUETTE : J'y vole !

LE MOUET : Décidément… toutes les mêmes !

— Il y a un âge où le respect devient irrespectueux !

— Toujours entre nous, ma grand-mère avait raison quand elle disait : « On devient vieux quand on fait passer sa digestion avant sa gourmandise, son repos avant son plaisir et le confort avant l'élégance. À propos, passe-moi mon grand pull. Non ! Pas celui-là : le vieux… informe…

— Quelle horreur ! Encore une ride de plus ! Qu'est-ce que je peux faire ?
— Attendre trois mois pour t'y habituer !
— Tu n'as pas d'autre remède à me proposer ?
— Si, deux ! D'abord, tous les matins te demander avec philosophie quel est le moins que tu vas avoir en plus. Ensuite t'obliger à compter non pas ce que la vieillesse te prend, mais ce qu'elle te laisse.
— Oui d'accord, mais pour être plus concret il y a aussi le lifting.
— Oui, à condition d'être sûre qu'il va te remonter le moral autant que le visage, sinon…

— Sinon quoi ?

— Il vaut mieux se contenter de sourire en cul de poule pour éviter la patte-d'oie !

— Allons ma vieille, regarde les choses en face. Primo, le seul moyen de faire jeune c'est de l'être vraiment ; secundo, passé un certain âge, pour avoir l'air frais il faut venir du dehors ; tertio, on a beau raconter ce qu'on voudra, le tilleul-menthe, c'est moins rigolo que le beaujolais !

LA MOUETTE : J'aimerais peindre ce vieux couple.

LE MOUET : Je te comprends. Ce sont deux modèles rares.

LA MOUETTE : Très rares. Ils roulent tous feux éteints, la main dans la main, les yeux dans le rétroviseur et quelques regrets lisibles dans les sourires mais totalement inaudibles.

LE MOUET : Pourtant, nous on les entend d'ici.

LE VIEUX MONSIEUR : Comme disent les Suisses : « Quand on sait ce qu'on sait, qu'on voit ce qu'on voit, qu'on entend ce qu'on entend, on n'est pas étonnés de penser ce qu'on pense. »

LA VIEILLE DAME : Sur quoi ?

LE VIEUX MONSIEUR : Sur tout en général et sur la différence intergénérationnelle en particulier.

LA VIEILLE DAME : Ça a été pareil à chaque génération.

LE VIEUX MONSIEUR : Non, les conneries, autrefois les jeunes en rêvaient, maintenant ils les font !

LA VIEILLE DAME : Mon chéri… Tu as raison de dire que « la mémoire, c'est la faculté de l'oubli ! ».

LA VIEILLE DAME : Je ne lui dirai pas… mais de moi à moi, être une vieille dame, c'est charmant. Ce qui est ennuyeux, c'est d'être une jeune femme qui vieillit.

LE VIEUX MONSIEUR : Même si on affirme que c'est dans les vieux pots qu'on mijote les meilleures soupes, il est quand même permis de temps en temps de préférer un potage minute dans une casserole neuve !

LA VIEILLE DAME : En amour, mon mari a toujours été plus moderne que moi : il aimait bien les en-cas micro-ondes, « vite chauds, vite consommés ». Moi j'ai toujours préféré les câlins à l'ancienne qui mijotent à feu doux. Et maintenant je préfère cent fois m'endormir sur des vieux souvenirs que sur des jeunes pectoraux. D'ailleurs… je n'ai pas le choix !

LE VIEUX MONSIEUR : Quel que soit l'âge que l'on a, on regrette toujours celui que l'on avait dix ans avant. C'est pourquoi il faut toujours se réjouir de l'âge qu'on a… puisque dans dix ans, on le trouvera merveilleux !

LA VIEILLE DAME : On s'était mariés « pour le meilleur et pour le rire »… On a connu le « pas mal et le sourire »… On pourra fêter « nos noces plaqué or » !

LA MOUETTE : Ils sont charmants, non ?

LE MOUET : Oui… néanmoins, petite mouette, je trouve que nous avons bien de la chance de voir nos cœurs continuer à voler à l'âge où ceux de tant d'autres ont atterri depuis longtemps.

VIII

Beauté, mon beau souci

LE MOUET : Qu'est-ce qu'il se passe ? Je trouve qu'il y a une atmosphère particulière sur la plage. Une drôle d'odeur… un drôle de bruit… Ça vient de la mer ?

LA MOUETTE : Non, des filles !

LE MOUET : Quoi ?

LA MOUETTE : Il y a un séminaire d'esthéticiennes.

LE MOUET : On dirait une volière ! Qu'est-ce qu'elles viennent faire sur la plage ?

LA MOUETTE : S'aérer : c'est bon pour la peau.

LE MOUET : Et clabauder sur les hommes !

LA MOUETTE : Ça, c'est bon pour les nerfs !

LE MOUET : Pas pour les miens !

[*Rencontres de Brigitte, professionnelle de la beauté et invitée au séminaire de l'esthétique*]

Première rencontre avec les mouettes :

BRIGITTE : Bonjour, les mouettes !
LA MOUETTE : Hi ! Hi !
BRIGITTE : Oh ! c'est merveilleux ! On dirait qu'elles comprennent !
LE MOUET : Rah ! Rah !
BRIGITTE : En plus, on est sûr qu'elles ne vont rien répéter ! Ce sont les confidents rêvés !
LA MOUETTE : Hi ! Hi !
BRIGITTE : Alors, installez-vous là et écoutez : je vais vous dire un secret.
LA MOUETTE : Ah !
BRIGITTE : Les vingt plus belles années des femmes se situent entre trente-six… et quarante ans !
LA MOUETTE : Hi ! Hi !

BRIGITTE : D'où notre congrès pour les en persuader.

LA MOUETTE : Hi ! Hi !

BRIGITTE : Tiens, justement… une convaincue ! (*Appelant :*) Marianne !

LE MOUET : On s'en va ?

LA MOUETTE : Tu es fou ! Le spectacle va commencer et je pense qu'il pourrait t'être utile.

LE MOUET : À moi ? Pourquoi ?

LA MOUETTE : Il pourrait s'appeler « L'École des hommes » !

MARIANNE : Ah… tu m'as reconnue ?

BRIGITTE : Ben oui… j'ai dû te voir il n'y a pas plus d'un mois.

MARIANNE : Deux exactement ! Quand je t'ai rencontrée, je m'en souviens, j'allais chez le docteur Botox.

BRIGITTE : Je ne connais pas.

MARIANNE : Mais si ! Le roi du remonte-pente ! Après ses piqûres on a l'impression qu'on a la peau qui a rétréci. On est méconnaissable.

BRIGITTE : Ah ben tu vois, moi je t'ai tout de suite reconnue ! Il est vrai que j'ai mes nouvelles lunettes.

MARIANNE : Ah… ça doit être ça !

BRIGITTE : Elles me vont bien, non ?

MARIANNE : Oui ! Mais elles vont mal aux autres !

LA MOUETTE : À propos, tu as remarqué que cette année, les lunettes noires s'agrandissent… à vue d'œil ?

LE MOUET : Très bonne idée ! Comme ça elles permettent aux hommes de disposer d'un panorama plus étendu sur les filles !

LA MOUETTE : Et aux femmes de cacher leurs poches sous les yeux !

BRIGITTE : Oh, Catherine ! Tu vas au séminaire ?

CATHERINE : Bien obligée ! Je viens de faire du shopping : je n'ai plus un sou.

BRIGITTE : Qu'est-ce que tu as acheté ?
CATHERINE : Du rêve !
BRIGITTE : Mais encore ?
CATHERINE : Un soutien-gorge multifonctions.
BRIGITTE : C'est-à-dire ?
CATHERINE : Il soutient les forts… protège les faibles et ramène les égarés !
BRIGITTE : Pratique !
CATHERINE : En tout cas, il m'a déjà remonté le moral !
BRIGITTE : Quoi d'autre comme achats ?
CATHERINE : Une nouveauté : un soutien-fesses !
BRIGITTE : Fais voir !
CATHERINE : Je ne peux pas ! Je l'ai sur moi.
BRIGITTE : Ah ! C'est ça que…
CATHERINE : Ben oui… Mais si ça t'intéresse… Tiens ! Voilà l'article où on en parlait.
BRIGITTE : Merci.
CATHERINE (*lisant l'article*) : « Culotte permettant d'obtenir un bombé très séduisant grâce à deux bandes de mailles à élasticité progressive, passant sous chaque fesse afin de les remonter. »
BRIGITTE : C'est chouette !

CATHERINE : Tu peux le garder : j'ai fait photocopier l'article pour les copines !

BRIGITTE : Vraiment, on n'arrête pas le progrès !

CATHERINE : Non, juste les bourrelets ! Ce qui m'a permis d'acheter un short… qui porte bien son nom !

BRIGITTE : Fais voir !

CATHERINE : Tiens ! Le voilà !

BRIGITTE : Oh… il est vraiment court !

CATHERINE : C'est le principe du short : plus il est court, plus il en dit long !

LA MOUETTE : Pauvres femmes ! Que d'efforts et de subterfuges pour plaire aux hommes ! Quand je vois ça… je suis contente d'être mouette !

LE MOUET : Ça, je reconnais que sur le plan esthétique, les hommes se donnent beaucoup moins de mal.

LA MOUETTE : Pour le moment ! Mais ça va changer ! Bientôt, tu verras, on va remettre à la mode les sous-ventrières qui soutenaient les panses avachies de nos ancêtres !

Le mouet : Quelle horreur ! Moi aussi, je suis content d'être un mouet ! D'autant plus que nous, nous maigrissons périodiquement… et sans effort.

La mouette : Du ventre ?

Le mouet : Euh… un peu en dessous…

La mouette : Ah… je comprends… Mais quand ?

Le mouet : Pendant que tu couves, ma chérie.

La mouette : Ah ! C'est pour ça que je ne m'en suis jamais aperçue.

Le mouet : Eh oui ! C'est bien fait, la nature !

Brigitte : Oh, Muriel, méfie-toi ! Ne va pas par là : je viens de voir passer ton ex !

Muriel : Jérôme ?

Brigitte : Ben oui !

Muriel : Ce n'est plus mon ex !

Brigitte : Ah bon ?

Muriel : C'est mon ex… ex !

Brigitte : Je croyais que tu ne le supportais plus ?

Muriel : Au lit, non. Mais en dehors, je l'aime beaucoup.

BRIGITTE : Tu n'es pas la seule dans ce cas-là.

MURIEL : Oh je sais ! Souvent les femmes gardent un amant pour ne pas perdre un ami.

LE MOUET : Ah, ça ! « Il ne faut choisir pour épouse que la femme qu'on choisirait comme ami si elle était un homme. »

LA MOUETTE : C'est de toi cette phrase ?

LE MOUET : Non ! Mais je suis content que tu aies pu le penser !

BRIGITTE : Eh, Caroline ! Tu sors du séminaire ?

CAROLINE : Oui, je suis claquée ! Je suis au régime. Ce matin, j'ai mangé une mandarine, et à midi une pomme.

BRIGITTE : Mais à part ça, ça va ?

CAROLINE : Oui, dans la mesure des forces disponibles !

LA MOUETTE : Dis-moi, mon mouet, entre une maigrichonne et une rondouillarde, qu'est-ce que tu choisirais ?

LE MOUET : La fuite !

BRIGITTE : Qu'est-ce que tu regardes comme ça, la mouette ? La fille qui est assise avec une grande jupe ?

LA MOUETTE : Hi !

BRIGITTE : Tu la trouves jolie ?

LA MOUETTE : Hi !

BRIGITTE : Oui, tu as raison, mais à mon avis, elle a une tête à avoir les jambes courtes !

LE MOUET : Comment peut-elle dire ça ? On ne les voit pas, les jambes de la fille.

LA MOUETTE : Justement ! Quand on ne voit rien c'est qu'il y a quelque chose à voir qu'on ne veut pas qui soit vu !

LE MOUET : Tu as une vue spéciale, toi !

LA MOUETTE : Non ! Comme toutes les espèces féminines j'ai un centimètre dans l'œil gauche et une balance dans l'œil droit !

BRIGITTE : Eh, Valérie ! Ça t'ennuierait que je dîne avec vous ce soir ?

VALÉRIE : Tu me vouvoies maintenant ?

BRIGITTE : Non ! Je disais « vous », en pensant à toi et à ton nouveau mec.

VALÉRIE : Christophe ?

BRIGITTE : Ben oui !

VALÉRIE : C'est mon ancien mec… depuis hier !

BRIGITTE : Ah ben… déjà ! Qu'est-ce qui s'est passé ?

VALÉRIE : Une erreur de programmation.

BRIGITTE : C'est-à-dire ?

VALÉRIE : Les cœurs c'est comme les machines à laver, il faut les programmer avant de les mettre en route. Fragile : programme court. Tiède : programme normal. Solide : programme long.

BRIGITTE : Et tu t'es trompée de programmation ?

VALÉRIE : Oui, moi je m'étais branchée sur longue durée et lui, sur lavage rapide. Total, mon cœur est sorti en charpie. Et pour le reste... je suis lessivée !

BRIGITTE : Vous savez, les mouettes, je plaisante comme ça, mais en vérité je suis navrée. Ça me touche de voir Valérie dans cet état-là. Parce que je la connais bien : elle est lucide. Volontaire. Courageuse. Droite dans ses bottes comme dans ses ballerines. C'est vraiment ce qu'on appelle une femme forte... Oui, une femme forte... C'est sa seule faiblesse !

LA MOUETTE : Tu as remarqué les vilains pieds qu'elle a, la « M'as-tu vue de partout ? »

LE MOUET : Ah non !

LA MOUETTE : Tu es vraiment comme les hommes : tu ne remarques jamais rien !

LE MOUET : Et toi, tu es vraiment comme les femmes !

LA MOUETTE : C'est-à-dire ?

LE MOUET : Elles sont toujours étonnées que les hommes ne remarquent pas sur les autres femmes ce qu'elles seraient cruellement surprises qu'ils remarquent sur elles !

LA MOUETTE : Le séminaire de l'esthétique vient de finir… en beauté ! Comme il s'y devait ! Je crois que ça t'aurait plu.

LE MOUET : Alors raconte ! Ça me plaira encore davantage !

LA MOUETTE : J'ai été séduite par l'idée d'une esthéticienne plutôt jolie.

LE MOUET : De quel âge ?

LA MOUETTE : Euh... encore jeune.

LE MOUET : C'est-à-dire plus tout à fait ?

LA MOUETTE : Voilà ! D'où son idée qui ne s'adresse pas aux gamines, mais à leurs parents.

LE MOUET : Explique !

LA MOUETTE : Elle a pensé que lorsque le père (qui reste un homme) ou la mère (qui reste une femme) ouvre le placard qui contient les produits de beauté, il n'est pas réjouissant de lire sur les étiquettes : « Anti-âge », « Antirides », « Anti-relâchement », « Antigraisse ». Autant de dénominations évocatrices des ravages du temps...

LE MOUET : Ça, c'est indéniable, mais que propose-t-elle comme autres appellations ?

LA MOUETTE : « Haut-les-fesses », « Fleur de lit », « Touche pas à mon pot », « Mince alors ! », « Rran ! Rran ! Rran ! ».

LE MOUET : « Rran ! Rran ! Rran ! » ? Mais... ce serait un produit pour quoi ?

LA MOUETTE : Pour avoir une peau de tambour !

LE MOUET : Tu n'as vraiment pas l'esprit de sérieux !

LA MOUETTE : C'est un défaut ?

LE MOUET : Attends le prochain chapitre... tu verras !

IX

Le rire

LA MOUETTE : Alors, mon mouet, raconte ! Ta journée à Trouville ?

LE MOUET : Ben… comme prévu elle a commencé par l'enterrement du surnommé « Vicomte de Grippe-Sou ».

LA MOUETTE : Ou « Julot la Tirelire ».

LE MOUET : Le pauvre ! Si je puis dire… Il était tellement radin que si par hasard, il entrouvrait une poche, c'est une mite qui en sortait !

LA MOUETTE : Il paraîtrait même qu'aux péages d'autoroute, il demandait qu'on lui fasse un prix !

LE MOUET : Ça ne m'étonnerait pas ! Il n'y avait que les vacheries dont il n'était pas avare !

LA MOUETTE : Il ne devait pas y avoir beaucoup de monde à son enterrement.

LE MOUET : Eh ben si, justement, l'église était pleine !

LA MOUETTE : Des curieux sans doute ?

LE MOUET : Quelques-uns peut-être, comme moi. Mais, le plus drôle – enfin… le plus surprenant –, c'est qu'un notable a prononcé un éloge funèbre dithyrambique, allant jusqu'à prôner sa générosité !

LA MOUETTE : Décidément…

LE MOUET : Quoi ?

LA MOUETTE : On devrait mourir tous les jours, on n'aurait que des amis !

LA MOUETTE : Et après l'enterrement, qu'est-ce que tu as fait ?

LE MOUET : J'ai volé jusqu'au clocher de l'église, poussé par un souvenir.

LA MOUETTE : Lequel ?

LE MOUET : Celui du jour, pas très lointain, où du haut de mon perchoir, j'ai entendu un célèbre comédien français regretter le temps où « les acteurs étaient excommuniés ».

LA MOUETTE : Tu crois qu'il était sincère ?

LE MOUET : Ma foi…

LA MOUETTE : Et tout naturellement tu as pensé aux acteurs et aux actrices d'aujourd'hui ?

LE MOUET : Eh oui, chaque jour plus nombreux à être les apôtres des causes humanitaires : quel changement !

LA MOUETTE : Normal ! Le monde évolue, il faut savoir évoluer avec lui.

LE MOUET : Facile à dire ! Mais… on ne se fabrique pas un esprit nouveau comme on se fabrique des muscles !

LA MOUETTE : Si ! Tous les matins, il faut faire des exercices : pour attendrir son cœur et raffermir son corps !

LE MOUET : En somme… une gymnastique mentale ?

LA MOUETTE : Voilà !

LE MOUET : Ah ! C'est pour ça qu'on en voit tellement… avec des courbatures !

La mouette : Tu es allé au casino ?

Le mouet : Oui mais en haut, sur le toit, pour regarder ceux d'en bas.

La mouette : Ils étaient nombreux ?

Le mouet : Ah ça oui ! Il s'y tenait comme à Deauville l'autre semaine un séminaire.

La mouette : De femmes ?

Le mouet : Non ! D'hommes ! Plus précisément de consultants.

La mouette : De consultants ? Qu'est-ce que c'est au juste ?

Le mouet : J'ai entendu l'un d'eux préciser que le consultant est quelqu'un qui vend très cher des idées qu'il n'a pas les moyens de réaliser.

La mouette : C'est amusant.

Le mouet : Je dois dire que dans l'ensemble ces messieurs m'ont paru assez joyeux. D'ailleurs... écoute bien, ça te concerne : ils ont projeté de créer « le club des défenseurs du rire ».

LA MOUETTE : Ah… je comprends. Mais développe : pourquoi « défenseurs » ?

LE MOUET : Parce que, d'après eux, le rire est attaqué. Ou en tout cas sous-estimé, dédaigné, voire méprisé.

LA MOUETTE : Ils plaisantaient ?

LE MOUET : Jamais avec le rire !

LA MOUETTE : Mais c'est nouveau, ça ?

LE MOUET : Non, la preuve ! Selon toi, qui a écrit : « Le rire est puni de mort à notre époque qui est sérieuse » ?

LA MOUETTE : Raymond Devos ?

LE MOUET : Non !

LA MOUETTE : Desproges ?

LE MOUET : Non ! Ne cherche pas, c'est Jules Verne en 1863 !

LA MOUETTE : Déjà !

LE MOUET : Oui ! Déjà ! Et qui a écrit : « La France a toujours eu le plus grand respect pour ce qui est ennuyeux » ?

LA MOUETTE : Je ne sais pas.

LE MOUET : Balzac !

LA MOUETTE : Ce sont tes consultants qui ont cité cette phrase ?

LE MOUET : Mais oui ! Et celle-ci aussi : « La plus perdue de toutes les journées est celle où l'on n'a pas ri. »

LA MOUETTE : Ah ! celle-là, je m'en souviens… Elle est de Chamfort… qui se suicida… sûrement un jour où il n'avait pas ri !

LE MOUET : Quant au président des consultants, il a conclu son discours par cette mise en garde très sérieuse : « Sous prétexte que le rire a été salué par Rabelais comme "le propre de l'homme", il ne faudrait pas en déduire qu'il est "le malpropre de Dieu". »

LA MOUETTE : Oh ! j'applaudis des deux ailes ! Je vais répéter ça à toutes les mouettes et tous les mouets qui ont l'occasion sur les plages de constater l'influence du rire sur les rapports humains.

LE MOUET : Notamment sur les rapports amoureux… ou assimilés.

LA MOUETTE : Ça, c'est évident. En règle générale, les « Blaguons-Rions » ont beaucoup plus de succès avec les filles que les « Pensons-Pleurons ».

LE MOUET : J'en ai eu une nouvelle preuve avec les consultants... qui pourtant n'étaient guère indulgents envers leurs admiratrices.

LA MOUETTE : Comment ça ?

LE MOUET : Tiens ! Connaissant ta curiosité, j'ai piqué à ton intention le magnéto d'un des consultants. Il avait enregistré les propos de ses confrères sur les dragueuses de la plage.

LA MOUETTE : Oh ! que tu es gentil !

LE MOUET : Oui, en tout cas... beaucoup plus qu'eux !

La bande magnéto des consultants

— Quel âge crois-tu qu'elle a, la blondasse ?

— Moins que tu ne le crois, mais plus qu'elle ne le dit.

— Tu penses qu'elle va vers la quarantaine ?

— Oui, mais alors... très vite !

— Ça y est, j'ai enfin compris pourquoi les femmes m'horripilaient.

— Pourquoi ?

— Parce que je ne peux pas me passer d'elles !

— Elle est gonflée, la rousse !

— Non ! Elle est enceinte !

— Non ! Gonflée... je veux dire qu'elle ne manque pas d'air.

— Pourquoi ?

— Elle m'a dit que dans sa famille, toutes les femmes étaient filles-mères... de père en fils !

— Finalement, comment elle est, la grande bringue ?
— Rien dans le crâne ! Rien dans le ventre !
— Eh ben… avec son mètre quatre-vingts… ça fait beaucoup de place perdue !
— Et en plus, c'est le genre à devenir bigleuse à force de loucher sur le succès des autres !

— Alors ça, ça me dépasse !
— Quoi ?
— Regarde ! Notre copain, celui qu'on appelle le surdoué…
— Oui… et alors ?
— Il a l'air complètement subjugué par cette andouille qui a la connerie peinte sur le visage.
— Oui… et alors ?
— Qu'est-ce qu'il peut bien lui trouver ?
— Un beau cul !

— Ah, celle-là… elle est d'une beauté à vous décourager le superlatif !

— Oui, mais d'une bêtise à vous encourager aux points de suspension !

— Ce qui peut se traduire en langage courant par : elle est belle à tomber à la renverse.

— Oui mais con à se relever aussitôt !

— Tu ne devineras jamais ce que vient de me dire celle qu'on appelle « la marquise » ?

— Alors, dis-le-moi !

— « Pour la modestie, moi, je ne crains personne ! »

— C'est vrai, sa seule ambition c'est de ne pas paraître son âge.

— D'accord ! Mais vu les éléments dont elle dispose, c'est déjà une ambition démesurée !

— Ça y est ! Te voilà encore en train de débiner quelqu'un.

— Eh oui ! C'est ma B.A. quotidienne.

— Quoi ?

— Réfléchis ! Quand on dit du mal d'une personne on fait plaisir à beaucoup d'autres. Donc être médisant, c'est être altruiste !

— Pour raisonner comme ça, il faut vraiment que tu sois un pourri !

— Eh bien bravo ! Tu as tout compris ! Te voilà aussi altruiste que moi !

LA MOUETTE : Effectivement, ces messieurs ne sont pas très câlins envers les femmes.

LE MOUET : Je te l'accorde, et pourtant ce sont les mêmes qui un jour seront fous d'amour pour l'un de ces « êtres si imparfaits et si affreux... ».

LA MOUETTE : De la même façon que les femmes, toujours prêtes à dénigrer les hommes, seront prêtes à froufrouter de partout pour les séduire et sortir bec et ongles pour les défendre !

LE MOUET : J'ai même entendu un farouche misogyne reconnaître avec indulgence que les prostituées ont l'honnêteté de joindre l'utile… au désagréable !

LA MOUETTE : Et moi j'en ai entendu un autre qui affirmait qu'elles gagnent… à être connues !

X

Les sports

LE MOUET : Où es-tu ma mouette rieuse et sportive ? Il est temps de partir pour le match.

LA MOUETTE : Je suis juste au-dessus de toi en escadrille avec le club des supporters. On t'attend pour prendre la tête.

LE MOUET : Magnifique ! Je m'envole ! J'arrive ! Me voilà ! Ah ! votre banderole, quelle merveille !

LA MOUETTE : Elle te plaît ?

LE MOUET (*lisant*) : « Les mouettes normandes battent des ailes pour la victoire du stade Malherbe caennais ! » Ah ! Bravo !

LA MOUETTE : C'est bien, hein ?

LE MOUET : Oui, mais si nos joueurs perdent le match ?

LA MOUETTE : C'est prévu : on n'aura qu'à retourner la banderole ! On y lira alors : « Supporter une défaite est la plus grande des victoires. »

LE MOUET : Tu te rappelles, ma mouette, la dernière Coupe du monde de football ?

LA MOUETTE : Un seul match : la finale que nos joueurs ont perdue. Et Zidane, exclu, renvoyé au vestiaire…

LE MOUET : Oh ! je m'en souviens : tu étais au bord des larmes.

LA MOUETTE : Une seule chose m'a consolée : l'enthousiasme d'un vieux monsieur qui, devant les applaudissements résignés de nos compatriotes pour l'équipe d'Italie qui venait de nous vaincre, s'est écrié : « Eh bien, bravo la France ! On peut dire que chez nous on n'est pas chauvins ! »

LA MOUETTE : Et toi, mon mouet, tu n'as pas un souvenir particulier, concernant le sport ?

LE MOUET : Si ! Le premier match de boxe que j'ai vu, disputé par des dames. Le premier et le seul.

LA MOUETTE : Tu n'as pas aimé ?

LE MOUET : Ah non ! Je respecte trop les femmes pour voir un Tanagra avec l'arcade sourcilière ouverte, face à une Joconde au sourire pour le moins édenté par un direct du gauche !

LA MOUETTE : Je te signale que les sportives ne sont quand même pas de fragiles sylphides.

LE MOUET : Peu importe ! Moi je préfère les voir courir, planer, marcher, nager.

LA MOUETTE : Comme les mouettes, en somme…

LE MOUET : Ah oui, tiens ! On ne se refait pas !

Le mouet : Pourquoi ris-tu, ma mouette ?

La mouette : À cause d'une histoire que les footballeurs m'ont rappelée.

Le mouet : Alors vas-y : shoote !

La mouette : Deux hommes dans un salon parlent de sport. L'un d'eux affirme : « Au Brésil, il n'y a que des putes et des footballeurs. » L'autre, aigre-doux, lui répond : « Je vous signale que ma femme est brésilienne ! » Après un léger froid, le premier enchaîne : « Ah… et dans quelle équipe joue-t-elle ? »

La mouette : Marée basse ! La plage est envahie par les sportifs amateurs…

Le mouet : Qui sont bien sûr des amateurs de sport !

La mouette : Ils ont le choix :

Le mouet : Le volley-ball.

Joué par deux équipes mixtes d'estivants comprenant…

La mouette : Ceux qui savent.

Le mouet : Ceux qui croient savoir.

LA MOUETTE : Les nuls rigolos.
LE MOUET : Les nuls râleurs.
LA MOUETTE : Un arbitre virtuose du sifflet.
LE MOUET : Et deux filles : une dans chaque camp, qui s'efforcent de ne pas regarder… ceux qui les regardent beaucoup plus que le ballon !

LA MOUETTE : La course à pied.
Pratiquée de deux façons différentes. Primo : le jogging sérieux, avec pause respiration, face à la mer.
LE MOUET : Secundo : le jogging drague, avec pause abordage, face aux filles.

LA MOUETTE : Le footing masculin.
Avec bavardages :
— Qu'est-ce qu'il fait ton aîné ?
— Il recharge ses iTunes sur son iPod.
— Et ton cadet ?
— Il surfe en Ethernet ADSL, en espérant une connexion Wi-Fi.
— Et ta petite dernière ?
— Elle joue à la marelle.
— Ah… elle n'est pas un peu en retard ?
— Oui… peut-être… ou alors, très en avance !

LE MOUET : Le footing féminin.

Avec papotages :

— Ils font du sport tes fils ?

— Jamais avec moi !

— C'est dommage ! Ils t'auraient entraînée.

— Au contraire, c'est une chance !

— Pourquoi ?

— Il ne faut jamais faire de sport avec ses enfants ou avec des adolescents quelconques ! Car de deux choses l'une : ou tu essayes de les suivre et c'est ton cœur qui lâche. Ou tu les laisses partir et c'est ton moral qui flanche !

LE MOUET : Le ski nautique.

Mis à l'honneur par une phrase « éclaboussante » de la patronne des patrons : « J'ai l'impression de faire du ski nautique parmi les crocodiles ! »

LA MOUETTE : La natation.

Avec les « décourageants », les dieux de la mer qui fendent l'eau à une vitesse telle qu'ils doivent complexer les poissons !

Avec les « timorés » qui, à peine le derrière mouillé, demandent : « Est-ce que j'ai pied ? »
Avec les barboteurs du bord de l'eau comprenant : les nymphettes bronzantes sur matelas flottants ; les mômes qui nous gonflent avec leur canard gonflant, et… les mères affolées qui oublient qu'elles sont aussi des femmes !

LE MOUET : L'équitation.
Avec le cheval qui est la plus belle conquête de l'homme… quand il ne le fiche pas par terre !
Avec le costume du cavalier qui est tellement seyant, contrairement à la culotte de cheval qui pour les femmes ne l'est pas du tout !
Avec les juments, obéissant au doigt, à l'œil et à la cravache du dresseur et qui en font rêver plus d'un… et peut-être plus d'une !

LA MOUETTE : La gymnastique.
Avec cette réflexion que j'ai entendue récemment : « On n'a que l'âge de ses haltères. »
Avec cette appréciation d'un jeune moniteur un peu mufle : « Vraiment, à partir d'un certain âge, les avantages des femmes deviennent des

inconvénients ! Il faut leur regonfler les muscles… pour leur regonfler le moral ! »

LE MOUET : Les sports aquatiques.
Avec la mer et le vent comme partenaires… lesquels sont souvent critiqués par les pratiquants… et souvent surestimés par les spectateurs !

LA MOUETTE : La planche à voile.
Avec vent debout et les véliplanchistes qui essayent de l'être aussi !

LE MOUET : La planche sans voile.
Avec vagues… d'admiratrices !

LA MOUETTE : Le scooter des mers… et des mères affolées.

LA MOUETTE : Le dernier-né : le kite-surf.
LE MOUET : Qu'est-ce que c'est ça ?
LA MOUETTE : Une invention destinée – comme le deltaplane ou le parapente – à permettre aux pauvres humains de se croire des oiseaux.
LE MOUET : Un truc qui a des ailes et qui vole ?

LA MOUETTE : Oui… au-dessus du bateau qui les pulse et auquel, en cas de chute, ils pourraient s'accrocher.
LE MOUET : Pfft… rien à voir avec nous ! Pauvres humains !

LA MOUETTE : Enfin, le pédalo.
Réservé aux courageux qui osent montrer qu'ils sont d'une autre génération !
LE MOUET : Oh ! justement, regarde ! Ce pédalo qui bat des records de lenteur !
LA MOUETTE : C'est « le bizarre du ponton » qui est aux pédales ! Il est en train de répéter son poème.
LE MOUET : Quel poème ?… Hé ! je te parle… Quel poème ?… Ça y est, elle est partie… sur le pédalo ! Elle va lui donner un petit coup de main… Enfin, de patte ! Ah… et un petit coup de voix aussi.

LA MOUETTE :
« *Il est encore ici mon oiseau de passage*
Complice à tout jamais… pour un jour pour un mois
Et puis il m'oubliera… c'est peut-être pourquoi

Moi, je ne l'oublie pas mon oiseau de passage. »

LE MOUET : Si elle continue comme ça, ma « rieuse », elle va me faire une dépression !

XI

Les livres en fête

LA MOUETTE : Quelle chance ! Il fait un temps magnifique ! Je n'ai jamais vu autant de monde sur la plage.

LE MOUET : Une chance… oui, pour les estivants qui vont pouvoir profiter de la mer, du soleil, du sable, mais pas pour les écrivains qui sont venus signer leurs bouquins à la fête du Livre. Ils risquent de ne pas avoir beaucoup de clients.

LA MOUETTE : Ça m'étonnerait ! Il y a toujours les amateurs, les curieux, les amoureux des livres. Et puis, même s'il n'y a personne, ne t'inquiète pas pour les écrivains, ils savent occuper leurs loisirs forcés à parler entre eux ! À parler boutique, bien entendu.

LE MOUET : Tu as raison. En général, ce sont des gens qui ont beaucoup de mémoire… et qui espèrent que leurs confrères n'en ont pas !

LA MOUETTE : Alors, viens ! Fermons nos becs et ouvrons nos oreilles !

LE MOUET *(air connu)* : « *Quand un auteur rencontre un autre auteur, qu'est-ce qu'ils se racontent ?…* »

LA MOUETTE : « *Des histoires d'auteur.* »

L'AUTEUR : Tu connais le dernier mot que l'on prête à l'auteur de Don Quichotte ?

LE CONFRÈRE : Tu peux l'appeler Cervantès : on est entre nous !

L'AUTEUR : C'est juste. Eh bien, on dit que Cervantès, sentant sa fin prochaine, fit venir à son chevet trois notables de la ville. Ceux-ci, réunis autour du mourant, attendaient désespérément ses dernières paroles. C'est alors que Cervantès leur fit cette confidence libératrice : « Dante m'a toujours emmerdé ! »

LE CONFRÈRE : Ton histoire m'amuse d'autant plus… qu'on me l'a déjà racontée ! Avec Lope de Vega dans le rôle de l'écrivain mourant et son confesseur dans le rôle du confident. En somme, dans les deux versions de l'histoire, seul le rôle de l'emmerdeur garde son titulaire : Dante…

L'AUTEUR : Preuve de sa célébrité !

Un peu plus loin

UN AUTEUR : De vous à moi, je vous le dis, mais ne le répétez pas, je ne comprends pas le succès du soi-disant « nouveau Radiguet ». Personnellement, je ne lui trouve aucun talent.

LE CONFRÈRE : Ah si, un ! Celui de faire croire qu'il en a !

LE MOUET : Question subsidiaire : combien de temps faudra-t-il pour que ces paroles tombent dans l'oreille de l'intéressé ?

LA MOUETTE : Moins de temps qu'il ne lui en faudra pour les oublier !

Échange entre un jeune homme et un auteur… chevronné

LE JEUNE HOMME : On m'a dit que vous étiez un auteur connu.

L'ÉCRIVAIN : Ça dépend par qui. La preuve…

LE JEUNE HOMME : Ça ne fait rien. Comme il n'y a personne à votre stand, je vais en profiter pour vous poser des questions. C'est pour mon blog…

L'ÉCRIVAIN : Votre blog ?

LE JEUNE HOMME : Sur Internet.

L'ÉCRIVAIN : Sur Internet ?

LE JEUNE HOMME : Vous n'avez pas d'ordinateur ?

L'ÉCRIVAIN : Non ! J'écris à la plume.

LE JEUNE HOMME : Oh ! c'est surréaliste ! Mais vous devriez quand même essayer l'ordinateur : c'est génial ! Vous appuyez sur une touche et toutes les fautes d'orthographe disparaissent !

L'ÉCRIVAIN : Je n'en disconviens pas. Mais pour ne pas faire de fautes d'orthographe on peut aussi regarder dans un dictionnaire ou dans une grammaire. Ce n'est pas prométhéen.

LE JEUNE HOMME : Prométhéen ? Ça veut dire quoi ?

L'ÉCRIVAIN : Vous demanderez à votre ordinateur. Mais le mot n'y sera peut-être pas.

LE JEUNE HOMME : Ben… pourquoi il n'y serait pas ?

L'ÉCRIVAIN : Parce que certains mots sont exclus du vocabulaire comme les chômeurs de longue durée sont exclus de la société… faute d'emploi !

LE JEUNE HOMME : Ah… alors… autre chose : c'est quoi pour vous, un auteur ?

L'ÉCRIVAIN : C'est une espèce d'écologiste intellectuel qui n'emploie souvent dans son œuvre que du vécu recyclé.

LE JEUNE HOMME : Ça, c'est marrant comme truc !

L'ÉCRIVAIN : Marrant n'est peut-être pas le terme adéquat.

LE JEUNE HOMME : Adéquat ? Ça, c'est encore plus rigolo... Il faut que j'aille raconter ça à mon pote ! Enfin... à mon copain. Ça va bien le faire rigoler... Allez ! Au revoir, monsieur.

L'ÉCRIVAIN (*souriant*) : Salut, mec !

LA MOUETTE : Ah ! comme disait mon arrière-grand-mère : « Si jeunesse savait... si vieillesse pouvait... »

LE MOUET : Ça, terminé ! Maintenant, avec Internet, la jeunesse sait et avec le Viagra, la vieillesse peut !

LA MOUETTE : Et alors, qu'est-ce que ça change ?

LE MOUET : ... Rien !

UNE ADMIRATRICE : Bonjour, maître. Je suis très impressionnée...

L'ACADÉMICIEN : Par mon âge ?

L'ADMIRATRICE : Oh ! voyons, Maître, vous savez bien que vous ne le paraissez pas...

L'ACADÉMICIEN : Oui, mais justement, je préférerais le paraître et ne pas l'avoir !

L'ADMIRATRICE : Ah… que c'est drôle !

L'ACADÉMICIEN : Pas vraiment !

L'ADMIRATRICE : Excusez-moi, Maître… mais… vous pourriez me dédicacer votre dernier livre ?

L'ACADÉMICIEN : Volontiers, mais ne dites pas mon « dernier » livre, dites « le plus récent ».

L'ADMIRATRICE : Oh oui, bien sûr… excusez-moi…

L'ACADÉMICIEN : À quel nom dois-je le dédicacer ?

L'ADMIRATRICE : Au mien.

L'ACADÉMICIEN : … Ah…

L'ADMIRATRICE : Comme d'habitude. Je n'ai pas changé de nom !

L'ACADÉMICIEN : Ah… vous êtes toujours…

L'ADMIRATRICE : La présidente des Star Ac.

L'ACADÉMICIEN : Ah… les Star Ac…

L'ADMIRATRICE : Les Star Académiciens !

L'ACADÉMICIEN : Ah oui… Eh bien, je vais dédicacer mon livre à la présidente…

L'ADMIRATRICE : Ah non ! À mon nom !

L'ACADÉMICIEN : Écoutez… autant vous l'avouer… j'ai oublié.

L’ADMIRATRICE : Alors ça… c’est drôle…

L’ACADÉMICIEN : Non, pas tellement !

L’ADMIRATRICE : Mais si… je m’appelle Houbliet : H.o.u.b.l.i.e.t. ! Georgette ! G. Houbliet !

L’ACADÉMICIEN : Moi aussi ! Quelle chance !

LA MOUETTE : Tu as pu lire la dédicace qu’il lui a mise ?

LE MOUET : Oui ! Il lui a écrit : « À G. Houbliet, avec mon plus fidèle souvenir ! »

LA MOUETTE : Ah ! Et quel livre il lui a dédicacé ?

LE MOUET : Ses mémoires !

UNE CURIEUSE : Qu’est-ce que c’est que ce bouquin, *Les dessous de mes dessous* ?

L’AUTEUR : La biographie d’une strip-teaseuse.

LA CURIEUSE : C’est vous qui l’avez écrit ?

L’AUTEUR : Disons que c’est moi qui ai rédigé ce que cette femme me racontait. Je ne suis pas un écrivain, en l’occurrence. J’ai été un écrivant.

LA CURIEUSE : Ce qu'on appelle « une plume » ?

L'AUTEUR : Exact ! Ou un « nègre ».

LA CURIEUSE : En l'occurrence, vous êtes la plume d'une fille à poil !

L'AUTEUR : Oui !

LA CURIEUSE : Et cet autre livre, signé par un chef de tribu sud-africain, c'est de vous aussi ?

L'AUTEUR : Oui, cette fois j'ai été le nègre d'un Noir !

LA CURIEUSE : Oh, c'est amusant ! Vous avez un autre livre en préparation ?

L'AUTEUR : Oui.

LA CURIEUSE : Dans le même genre ?

L'AUTEUR : Non.

LA CURIEUSE : Dans quel genre alors ?

L'AUTEUR : C'est une espèce de traité.

LA CURIEUSE : Sur quoi ?

L'AUTEUR : L'art de ne pas répondre aux questions posées.

LE MOUET : Tu crois qu'un jour cet « écrivant » écrira pour son compte personnel et qu'il dévoilera le dessous de ses collaborations ?

LA MOUETTE : Peut-être, mais dans ce cas-là, il aura intérêt à signer : A. Nonyme !

LE MOUET : Tu as l'air de mauvaise humeur, ma mouette !

LA MOUETTE : Je le suis. Je viens d'entendre une glorieuse.

LE MOUET : C'est-à-dire ?

LA MOUETTE : Une bonne femme qui se glorifiait personnellement de la gloire réelle de son écrivain de mari.

LE MOUET : Et alors ?

LA MOUETTE : On devrait condamner les femmes qui se vantent des succès de leur mari pour usage illégal de vanité !

LE MOUET : Ne sois pas injuste, il y en a de moins en moins : de nos jours on tend vers l'égalité… des egos !

LE MOUET : Après cette fête du Livre, tu as bien dormi ?

LA MOUETTE : J'ai rêvé d'un combat. Entre un mot et une image.
LE MOUET : Qu'est-ce qui gagnait ?
LA MOUETTE : L'image !
LE MOUET : En somme, elle a eu le dernier mot !

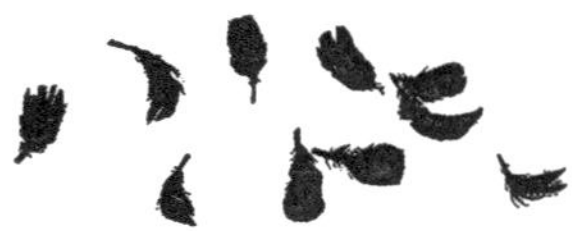

XII

Le festival du cinéma

LA MOUETTE : Quelle chance ! Nous sommes aux meilleures places ! Toutes les vedettes passent par là. Tous les journalistes sont en planque. Avec les micros, les caméras, les numériques.

LE MOUET : Sûrement qu'ils vont nous faire poser avec une star : on est tellement photogéniques avec nos plumes blanches !

LA MOUETTE : En plus, on est top pour illustrer la « cool attitude » au milieu de la fièvre médiatique.

LE MOUET : Et la *touch of natural* au milieu de tout leur cinéma.

LA MOUETTE : Ah, ça y est ! Regarde qui vient d'arriver.

LE MOUET : Elle est vraiment extraordinaire : elle ne bouge pas.

LA MOUETTE : Elle ne peut pas… avec tous ses liftings !

LE MOUET : Ce que tu peux être mauvaise langue !

LA MOUETTE : Normal ! Moi, je n'ai pas le bec botoxé !

LE MOUET : Écoute… le journaliste !

LE JOURNALISTE (*micro à la main*) : Nous avons la chance de recevoir celle que de méchantes langues ont surnommée « l'Insubmersible ». Ce dont elle a l'intelligence de ne pas se formaliser.

L'INSUBMERSIBLE : Pourquoi m'en formaliserais-je ? Vieillir est un privilège que beaucoup auraient voulu avoir !

LE JOURNALISTE : Dans ces conditions, je peux me permettre de vous demander votre âge ?

L'INSUBMERSIBLE : Certainement ! J'ai l'âge où le respect devient irrespectueux !

LE JOURNALISTE : Alors, irrespectueusement je vous repose la question : quel âge avez-vous ?

L'INSUBMERSIBLE : Plus que vous ne le pensez, mais moins qu'on ne le dit.

LE JOURNALISTE : Pardon d'insister, mais on prétend que vous êtes la doyenne du cinéma… tous continents réunis.

L'INSUBMERSIBLE : Oh, vous savez, on ne prête qu'aux riches !

LE JOURNALISTE : On chuchote aussi que vous allez vous remarier avec un séduisant septuagénaire.

L'INSUBMERSIBLE : Oui ! Une merveille ! Le seul homme que j'ai trouvé qui ne peut pas être mon fils !

LE JOURNALISTE : Et à part ça, vous avez d'autres projets ?

L'INSUBMERSIBLE : Oui, dans l'immédiat : vous dire au revoir de ma voix chevrotante ; vous sourire de toutes mes fausses dents ; vous tendre ma main déformée par les rhumatismes ; me lever en m'appuyant sur ma canne et vous assurer que néanmoins… de loin, de très loin, c'est rigolo la vie…

LE MOUET : Ah, dis donc, les vedettes se suivent et ne se ressemblent pas : voilà maintenant celle qu'on appelle la nouvelle Bardot.

LA MOUETTE : L'Émergente après l'Insubmersible !

LE MOUET : On la voit partout, dans tous les journaux, tous les magazines.

LA MOUETTE : Et dans toutes les tenues, toutes les poses, avec tous les partenaires possibles.

LE MOUET : Elle est vraiment belle… à regarder.

LA MOUETTE : Malheureusement, on l'entend aussi partout, sur toutes les radios, sur toutes les télés, sur Internet.

LE MOUET : C'est fou ! Un tel engouement, une telle célébrité !

LA MOUETTE : Après seulement deux films !

LE MOUET : Oui… Et pourtant regarde, elle a un air tristounet, l'Émergente.

LA MOUETTE : Ben oui… à cause de son fiancé.

LE MOUET : Oh ! « Son fiancé ! » Tu ne peux pas dire son « Jules », comme tout le monde !

LA MOUETTE : Non, elle était folle de lui autant que lui d'elle et ils allaient se marier quand elle a été propulsée à la vitesse grand V au firmament de Hollywood.

LE MOUET : Elle l'a plaqué ?

LA MOUETTE : Non ! C'est lui. Il n'a pas supporté de la voir subitement à la première page de tous les journaux, et il est parti.

LE MOUET : Loin ?

LA MOUETTE : Non ! Chez un éditeur pour lui proposer d'écrire un livre sur leur histoire.

LE MOUET : Et l'éditeur a accepté ?

LA MOUETTE : Avec empressement ! Le livre va sortir avec un titre très porteur : *Cocufié par la gloire !*

LE MOUET : Ah oui… ça peut marcher… Elle est au courant, notre Émergente ?

LA MOUETTE : Évidemment ! Elle va sortir un livre en même temps que le sien.

LE MOUET : Bravo ! Et qui va s'appeler comment ?

LA MOUETTE : *Au clair de la une, j'ai perdu Pierrot.*

LE MOUET : Après quoi, je suppose qu'ils en écriront un ensemble.

LA MOUETTE : Une espèce de conte… de faits.

LE MOUET : Qui pourrait se terminer par : « Ils se marièrent et eurent… beaucoup de promos ! »

LA MOUETTE : Petit additif de leur attaché de presse :

LE MOUET : Le jour de leur mariage à Saint-Tropez…

LA MOUETTE : Ils vont se marier à Saint-Tropez ?

LE MOUET : Tu ne voudrais quand même pas qu'ils se marient à Onzin-les-Fraises !

LA MOUETTE : Oui, évidemment.

LE MOUET : Eh bien, ce jour grandiose – sinon unique – le maire, « drivé » par l'attaché de presse, dira dans son discours que le savoir, le savoir-faire et surtout le faire savoir, sont les trois mamelles de la réussite.

LA MOUETTE : Conjugale ?

LE MOUET : Ah non ! Professionnelle !

LA MOUETTE : Oh ! regarde les gens qui demandent des autographes à leurs idoles.

LE MOUET : Idole ! Ça m'aurait bien plu… si j'avais été un homme ! Rien que pour pouvoir lire sur mes papiers d'identité : Profession = Idole !

LA MOUETTE : C'est ça… Et lire sur les miens : Profession = FAN !

UN PETIT GARÇON : Je voudrais un autographe.

L'IDOLE : À quel nom ?

LE PETIT GARÇON : Gaston !

L'IDOLE (*étonnée*) : C'est pour toi ?

LE PETIT GARÇON : Non, pour mon grand-père ! Moi je ne vous aime pas. C'est Titeuf mon idole, mais il ne signe pas !

UNE MINETTE : Vous pouvez me signer là-dessus ?

L'IDOLE : Oui… mais c'est un ticket de piscine, il va se froisser. Et c'est un peu petit, pour ma signature.

La minette : Ça fait rien ! Je la recopierai à la maison !

Un ado : Vous pourriez mettre une dédicace sur mon livre d'or ?

L'idole : Bien sûr. À quel nom ?

L'ado : George Bush.

L'idole : Mais… ce n'est pas votre nom ?

L'ado : Non… mais ce n'est pas pour garder. C'est pour revendre !

Un mec : Vous n'en avez pas ras la frange de signer des autographes ?

L'idole : Non… C'est la rançon de la gloire.

Le mec : OK ! Mais, sans te la gonfler, qu'est-ce que c'est la gloire ?

L'idole : La gloire – sans me la gonfler –, c'est paradoxalement se réjouir d'être connu par ceux qu'on n'aimerait pas toujours connaître… Mec !

LE MOUET : Tu le connais ce type qui se donne des airs importants ?

LA MOUETTE : Oui ! C'est le fondateur de l'École des mines.

LE MOUET : Qu'est-ce qu'il fabrique dans un festival cinématographique ? L'École des mines, c'est là où on étudie entre autres la géologie des métaux.

LA MOUETTE : Mais non ! Il s'agit d'une autre École des mines : celle où on apprend des mines, des jeux de physionomie dont tu peux avoir besoin dans la vie courante pour tromper ton monde.

LE MOUET : En somme on t'y apprend à mentir vrai ?

LA MOUETTE : Voilà ! À jouer la compassion, la joie, la tristesse, l'indifférence, la générosité, l'honnêteté, et surtout… la franchise !

LE MOUET : Et qui fréquente cette école du mensonge ?

LA MOUETTE : Un peu tout le monde… sauf les comédiens et les auteurs.

LE MOUET : Pourquoi ?

LA MOUETTE : L'accès des cours est interdit aux professionnels !

LE MOUET : Menteuse !

LE MOUET : Tu as entendu ce que le grand blond disait à la petite brune, en lui tapotant les fesses ?
LA MOUETTE : Non, quoi ?
LE MOUET : « T'as de beaux yeux, tu sais ? »

XIII

Le marché

LE MOUET : Tu m'accompagnes ?

LA MOUETTE : Où ça ?

LE MOUET : Au marché ! C'est dimanche ! Les élections partielles sont dans huit jours. Il va y avoir du monde… et de l'ambiance !

LA MOUETTE : Pourquoi ? Il faut se présenter aux élections pour faire le marché ?

LE MOUET : Non, c'est le contraire ! Il faut faire les marchés quand on se présente aux élections.

LA MOUETTE : Ah bon ? C'est nouveau, ça ?

LE MOUET : Non, vieux comme la politique !

LA MOUETTE : En tout cas, moi je vais au marché tout bêtement pour chercher à manger : il y a toujours des petits bouts de quelque chose à pêcher par-ci par-là.

Le mouet : Comme des voix !

La mouette : Des voix ?

Le mouet : Oui, les candidats aux élections… eux ils vont à la pêche aux voix. Ils font les marchés pour les ramasser par-ci par-là… comme toi tu ramasses des bouts de salade et de poisson.

La mouette : Ce n'est pas bien de traiter les voix des électeurs comme ça… par-dessus la patte ! N'oublie pas : *Vox populi. Vox dei.*

Le mouet : Non ! *Vox populi. Vote mézigue !*

La mouette : Tu n'as pas honte ?

Le mouet : Du tout ! Par bonheur, nous sommes des oiseaux… et donc, très au-dessus de tout ça ! Et, à vrai dire, je suis comme toi, je m'en fous !

La mouette : Il parle bien, le candidat T.T.

Le mouet : Le T.T. ? Mais c'est quel parti, ça ?

La mouette : Le Tout Terrain.

LE MOUET : C'est ce qui s'appelle « ratisser large » !
LA MOUETTE : Ou pratiquer l'ouverture.
LE MOUET : Qu'est-ce qu'il raconte ?
LA MOUETTE : Que l'argent ne fait pas le bonheur.
LE MOUET : Alors… qu'il le rende !
LA MOUETTE : Attends ! Il vient de rectifier le tir.
LE MOUET : Qu'est-ce qu'il a dit ?
LA MOUETTE : Qu'il ne faut pas conclure de son propos que l'argent fait automatiquement le malheur.
LE MOUET : Chapeau ! Lui au moins, il mérite bien sa présidence au « T.T. ».
LA MOUETTE : D'autant plus qu'il a adopté comme slogan pour son parti une devise suisse très explicite.
LE MOUET : Laquelle ?
LA MOUETTE : « Ni oui. Ni non. Ni le contraire. »

LE MOUET : Dans le domaine oculaire, les oiseaux sont vraiment gâtés : les hiboux – et assimilés – voient la nuit. Quant aux autres oiseaux – dont nous –, ils voient sur les côtés !

La mouette : Oui… D’accord… mais pourquoi tu me dis ça ici, tout d’un coup ?

Le mouet : À cause des hommes politiques qui nous entourent : ils doivent terriblement nous envier.

La mouette : Nos ailes ?

Le mouet : Non ! Notre vue ! Rends-toi compte : avec nos yeux, ils pourraient avoir l’air de regarder en face et voir en même temps ce qui se passe à droite et ce qui se passe à gauche : le rêve !

La mouette : Surtout pour ceux du Centre !

La mouette : Et celui-là qui vend ses salades à l’étal du marchand de primeurs, qui est-ce ?

Le mouet : Justement, une grosse légume !

La mouette : Ça, ça ne m’étonne pas.

Le mouet : Pourtant, dans ses propos et dans son comportement, il s’efforce à la simplicité.

La mouette : Oui, mais n’empêche, il fait partie de ces gens qui même au volant d’une vieille Clio n’arrivent pas à te faire oublier qu’ils ont une Bentley au garage.

LE MOUET : C'est son cas. Il possède tous les signes intérieurs de richesse. Entre autres : du côté de Honfleur, une propriété sublime ! Avec une vue imprenable sur la mer, une piscine digne des Jeux olympiques, dans le parc des fontaines et des cascades dignes de Versailles et dans son sous-sol un aquarium digne de celui de Monte-Carlo !

LA MOUETTE : Et comment s'appelle la maison ?

LE MOUET : « Les ronds dans l'eau » !

LA MOUETTE : Tu plaisantes ?

LE MOUET : Moi, non. Mais le propriétaire, oui ! À Aix-en-Provence, en pleine ville, il a un hôtel particulier aussi fastueux que sa propriété normande et il lui a donné un nom dans le même esprit.

LA MOUETTE : Quel nom ?

LE MOUET : « Pognon sur rue » !

LE MOUET : Tiens, voilà maître Corbeau.

LA MOUETTE : Ah bon ? Sur son arbre perché ?

LE MOUET : Mais non ! Je ne parlais pas de notre ami l'oiseau. Je parlais de l'avocat Pierre-Philippe Corbeau.

LA MOUETTE : Ah ! Le fameux P.P.

LE MOUET : Il ne veut plus qu'on l'appelle « P.P. », depuis qu'il est le doyen du conseil municipal.

LA MOUETTE : Et qu'en plus il brigue pour la troisième fois la mairie.

LE MOUET : Ça m'étonnerait qu'il soit élu.

LA MOUETTE : Pourquoi ?

LE MOUET : Il s'entête à baser sa campagne sur le libre choix de l'âge de la retraite.

LA MOUETTE : À partir de soixante ans, quand même.

LE MOUET : Évidemment, pas à partir de trente-cinq !

LA MOUETTE : Et alors ? Moi j'adhère à son argument.

LE MOUET : Celui défendu naguère si brillamment par la chanson « Le travail c'est la santé ! » ?

LA MOUETTE : Non, un autre argument qui a sans doute été inspiré par l'amour que Salvador avait pour sa profession.

LE MOUET : Quel argument ?

La mouette : « Pour ceux qui ont la chance d'exercer un métier passion, la retraite est une euthanasie sociale. »

La mouette : Tiens ! Revoilà « le bizarre » !

Le mouet : Où ça ?

La mouette : Sur le ponton ! Il travaille.

Le mouet : À quoi ?

La mouette : Ben… il répète son texte.

Le mouet : Tu appelles ça un travail ?

La mouette : Bien sûr ! C'est difficile d'apprendre un poème. Beaucoup plus qu'une pièce !

Le mouet : C'est faux ! Archifaux !

La mouette : Qu'est-ce que tu en sais ? Tu as été comédien dans une autre vie ?

Le mouet : Oui, justement ! Mais quand j'ai su que Molière disait : « Ah, les étranges animaux à conduire que les comédiens ! », je suis allé demander à La Fontaine de m'engager dans sa volière !

La mouette : N'importe quoi ! Tu dis n'importe quoi ! J'aime mieux m'en aller, sinon je vais te voler dans les plumes !

Le mouet : Ah ben… avec elle, sitôt dit… sitôt fait ! Elle est partie… Elle n'a plus aucun humour… depuis que « le bizarre » est revenu… Tiens ! Voilà qu'elle vole dans sa direction… en chantant… Bizarre !

Au loin

La mouette :

« *Le voilà près de moi mon oiseau de passage*
Discret sur l'avenir, discret sur le passé
On reprend sans effort nos anciens bavardages
Comme si son absence avait tout effacé. »

Le mouet : C'est une version féminine… qu'elle lui a sûrement soufflée. Elle doit avoir envie de collaborer avec lui. Eh ben… je lui en souhaite : ce n'est pas facile d'écrire à deux !

XIV

Cachez ce sein que je ne saurais voir

LA MOUETTE : D'où tu reviens ?
LE MOUET : De la campagne.
LA MOUETTE : Tu sens une drôle d'odeur…
LE MOUET : Oui : « Le 5 de chez Bouseux » !
LA MOUETTE : Tu es allé voir les vaches ?
LE MOUET : Les vaches… et un député !
LA MOUETTE : De la région ?
LE MOUET : Sûrement pas ! Sans doute un Parisien, ou en tout cas un Robin des Villes.
LA MOUETTE : Qu'est-ce qu'il faisait là ?
LE MOUET : Il était avec un coach qui lui apprenait à tapoter le derrière des vaches.
LA MOUETTE : Mais pourquoi ?

LE MOUET : Il est question qu'au prochain remaniement ministériel, il soit nommé ministre de l'Agriculture… Alors, en vue du prochain salon, il se faisait la main… du bout des doigts !

LA MOUETTE : Avec un coach ?

LE MOUET : Oui !

LA MOUETTE : Il aurait dû demander à Chirac : c'est un champion !

LA MOUETTE : C'est curieux comme coïncidence.

LE MOUET : Quoi ?

LA MOUETTE : Pendant que tu t'attendrissais sur les croupes des champs, moi je pestais contre les croupes des villes, des plages… et de partout par la même occasion.

LE MOUET : Ah ? Ça… ça m'a échappé !

LA MOUETTE : Hypocrite ! Personne ne peut y échapper. Tu ouvres un magazine : des fesses ! Tu prends la télé : des fesses ! Tu vas au cinéma : des fesses ! Tu regardes des publicités : des fesses ! Eh bien, moi je te le dis, les fesses, j'en ai plein le dos !

LE MOUET : Maintenant que tu es calmée, je voudrais bien que tu m'expliques ta rogne de ce matin contre la quasi-nudité des femmes allongées sur le sable.

LA MOUETTE : Parce que ce rejet vestimentaire en rend beaucoup malheureuses. Plus qu'on ne le croit.

LE MOUET : Comment peux-tu le savoir ?

LA MOUETTE : Parce qu'après les avoir observées… et écoutées de près, je les ai comptées ! Et j'en ai répertorié trois catégories.

LE MOUET : Lesquelles ?

LA MOUETTE : D'abord les pudiques.

LE MOUET : Ça existe encore ?

LA MOUETTE : Mais oui ! Celles qui le sont par nature ou par éducation et celles qui le sont, à cause des complexes du bourrelet de graisse, du sein qui tombe et de la cellulite triomphante : leurs efforts pour avoir l'air indifférentes sont pathétiques.

LE MOUET : Parfois, oui, mais… passons à la deuxième catégorie de femmes disons… antistring pour faire court ?

LA MOUETTE : Les amoureuses ! Volontiers jalouses, elles supportent très mal les regards – volontiers concupiscents – de leur compagnon sur les parfaites anatomies de leurs éventuelles rivales.

LE MOUET : Ça, évidemment… Et la troisième catégorie ?

LA MOUETTE : Les *aficionadas* de l'érotisme.

LE MOUET : Ah bon ? Elles seraient contre la libéralisation vestimentaire ?

LA MOUETTE : Et celle des mœurs !

LE MOUET : Alors ça, je me demande bien pourquoi.

LA MOUETTE : Parce que la base de l'érotisme, c'est la transgression des interdits. Alors, dans la mesure où il n'y a plus d'interdits – ni vestimentaire, ni corporel, ni moral –, il n'y a plus d'érotisme !

LE MOUET : Autrement dit, la permissivité à tout-va débouche sur la débandade !

LA MOUETTE : C'est le mot juste ! Comme disait ce matin sur la plage une fille ravissante et pudique en maillot de bain une pièce : « Dans l'intérêt de l'érotisme, il devrait être interdit... de ne pas interdire. » Et crois-moi, elle était bien placée pour le savoir.

LE MOUET : Pourquoi ?

LA MOUETTE : Elle était stripteaseuse !

LE MOUET : Tout bien réfléchi, les premières baigneuses avaient de la chance. Avec leur bonnet sur la tête, leur long et large maillot qui cachait leurs bras jusqu'aux poignets et leurs jambes jusqu'aux chevilles, elles étaient libérées du regard des hommes.

LA MOUETTE : Oui, mais pas du regard des femmes.

LE MOUET : Comment ça ? Les femmes ne voyaient rien non plus.

LA MOUETTE : Bien sûr, mais elles savaient, elles, que quand on ne voit rien… c'est qu'il y a quelque chose à voir qu'on ne veut pas qui soit vu !

LE MOUET : Tu me l'as déjà dit, ça !

LA MOUETTE : Je sais ! Je l'ai répété exprès. C'est un test : pour vérifier si tu m'écoutes !

LE MOUET : Tu as vu la dernière phrase du livre d'un de nos anciens Premiers ministres ?

LA MOUETTE : Non.

LE MOUET : On la croirait écrite pour nous.

LA MOUETTE : C'est quoi ?

LE MOUET : « Avec le ciel et le vent, il y a d'autres vies à vivre. »

LA MOUETTE : Évidemment, ce n'est pas nous qui allons lui dire le contraire !

LE MOUET : Où vas-tu ?

LA MOUETTE : À la gare. Dire au revoir au « bizarre du ponton ».

LE MOUET : Il s'en va ?

LA MOUETTE : Oui ! À Paris, pour la sortie de son livre.

LE MOUET : Dis donc… « Son » livre, c'est un peu le nôtre : on lui a donné un sérieux coup de plume !

LA MOUETTE : Oh… juste quelques informations de temps en temps.

LE MOUET : Et le titre ! C'est moi qui l'ai trouvé !

LA MOUETTE : C'est vrai !

LE MOUET : Les titres, c'est ma spécialité… ma marotte. J'ai toujours rêvé d'une bibliothèque… avec uniquement des couvertures de livres… où s'aligneraient des titres… car dans le fond, que reste-t-il d'un livre ? Hein ? Entre nous, ma mouette… Allons bon ! Elle est déjà partie, la virevoltante… Tiens ! Ça ne serait pas mal comme titre, *La Virevoltante*…

LA MOUETTE (*sur le chemin du retour*) :
« *Le voilà reparti mon oiseau de passage.*
Bizarrement fidèle et volage à la fois
Il n'attend jamais rien : ni promesses, ni gages.

Et moi je l'attendrai… sans comment, ni pourquoi… »

Le mouet (*la rejoignant en plein ciel*) : Coucou !

La mouette : Ah ! c'est gentil d'être venu à ma rencontre !

Le mouet : J'avais hâte de savoir si « le bizarre » n'avait pas raté son train.

La mouette : Oh non ! Il était même en avance… et excité comme une puce.

Le mouet : Pourquoi ?

La mouette : Il venait de trouver le titre de son prochain livre.

Le mouet : Ah ! Et c'est quoi ?

La mouette : *Les Nids… à deux places* !

Le mouet : Sacré « bizarre du ponton » ! C'est vraiment un drôle d'oiseau !

La mouette : Oui… mais nous aussi !

DES MÊMES AUTEURS

Françoise DORIN

ROMANS

Virginie et Paul (Julliard).
La Seconde dans Rome (Julliard).
Va voir Maman, Papa travaille ! (Robert Laffont).
Les Lits à une place (Flammarion).
Les Miroirs truqués (Flammarion).
Les Jupes-Culottes (Flammarion).
Les Corbeaux et les Renardes (Flammarion).
Nini Patte-en-l'air (Robert Laffont).
Au nom du père et de la fille (Flammarion).
Pique et Cœur (Flammarion).
La Mouflette (Flammarion).
Les Vendanges tardives (Plon).
La Courte Paille (Plon).
Les Julottes (Plon).
La Rêve-Party (Plon).
Tout est toujours possible (Plon).
Et puis après... (Plon).
Le Cœur à deux places (Plon).
En avant toutes ! (Plon).

Pièces de théâtre

Comme au théâtre – La Facture – Un sale égoïste (Julliard).
Le Tournant – Les Bonshommes (Julliard).
Le Tube (Flammarion).
L'Autre Valse – Si t'es beau, t'es con (Robert Laffont).
L'Intoxe – Le Tout pour le tout (Flammarion).
Les Cahiers tango (Flammarion).
Le Retour en Touraine (Flammarion).
Monsieur de Saint Futile (Art et comédie).
Soins intensifs (Plon).

Poèmes

Dorin père et fille (Plon).

Jean PIAT

Les Plumes des paons (Plon).
Le Parcours du combattant (Flammarion).
La Vieille Dame dans la librairie (Flammarion).
Veille de fête (Flammarion).
Le Dîner de Londres (Flammarion).
La Jeune Fille à l'avant-scène (Flammarion).
Les Silences et les Mots (Flammarion).
Je vous aime bien, monsieur Guitry ! (Plon).
Beaumarchais, un intermittent du spectacle (Plon).

AU THÉÂTRE
(adaptations)

Avanti ! (Samuel Taylor).
L'Affrontement (Bill Davis).
La Maison du lac (Ernest Thomson).
De Sacha à Guitry (Sacha Guitry).

Composition et mise en page

NORD COMPO
multimédia

Cet ouvrage a été imprimé
par **Bussière**
à Saint-Amand-Montrond (Cher)
pour le compte des Éditions Plon

Achevé d'imprimer en avril 2008.

N° d'édition : 14323. — N° d'impression : 081382/1.
Dépôt légal : avril 2008.

Imprimé en France